Pfaffenhofen Dez. '91

Liebe Silke,

ich wünsche Dir
schöne Stunden mit
diesem Buch

Martina

pfeiffer

Über den Autor

Elmar Gruber, Philosophisch-Theologisches Studium in Freising; seit 1964 im Schulreferat I der Erzdiözese München und Freising; in der Lehrerseelsorge und in der religionspädagogischen Aus- und Fortbildung von Religionslehrern sowie in der Elternschulung tätig.

Elmar Gruber

Wege zur Mitte

Das Leben aus dem Glauben betrachten

Verlag J. Pfeiffer · München

CIP-Kurztitelaufnahme der Deutschen Bibliothek

Gruber, Elmar:
Wege zur Mitte: ein Leben aus dem Glauben betrachten /
Gruber Elmar
München: Pfeiffer, 1979
ISBN 3-7904-0285-0

Printed in Germany
Druck: G. J. Manz, Dillingen/Donau
Umschlagentwurf: Barbara Bös

ISBN 3-7904-0285-0

INHALT

EINFÜHRUNG

Wir Menschen sind so gebaut, daß wir ohne Gott, d. h. nur aus uns selbst, nicht leben können. Die »Depressionen der Erfolgreichen« zeigen dies erschütternd. Viele Menschen haben noch nicht entdeckt, daß ihre Sehnsucht eine Sehnsucht nach Gott ist. Sie setzen falsche Ziele und gehen verkehrte Wege. Wir brauchen unser Ziel nicht selber zu setzen; es ist uns gesetzt von Anfang an. Wir brauchen unser Ziel nur immer wieder »anzugehen« auf den Wegen, auf denen es uns selber »angeht«.

Die »Wege zur Mitte« wollen den Leser anregen, damit er sich im Alltag seines Lebens Gott »etwas angehen lassen« kann und damit es ihm leichter fällt, Gott, unser Ziel und unsere Mitte, zu finden. Dieses Buch will keine Theologie vermitteln; es möchte Lebenswege ebnen helfen. Grundlage sind biblische Vorstellungen, Bilder und Worte. Der Leser soll durch seine Erlebnisfähigkeit von Wirklichkeiten erfaßt werden, die für die Menschen immer schon Heil und Leben bedeutet haben.

Das Buch ist nicht zum Durchlesen gedacht. Die einzelnen Kapitel und Abschnitte stehen in keinem direkten Bezug zueinander. Der Leser kann sich den verschiedenen Motiven »aussetzen« und suchen, bis er eines findet, das ihn besonders anspricht.

Ich möchte an dieser Stelle Herrn Rudolf E. Skonietzki besonders danken für die vielen kleinen Hilfen und Ermutigungen zu diesem Buch und die kritische Durchsicht des Manuskriptes.

I. WEG UND ZIEL

Weiter kommen

Wer sich selbst ein Ziel setzt,
setzt sich ein Ende:
Was ist,
wenn er das Ziel nicht erreicht?
Was ist,
wenn er das Ziel erreicht
und kein Ziel mehr hat?
Die wahren Ziele
sind nur kleine Teile
der Unendlichkeit.
Wer mit »Teilzielen« lebt,
wer sich begnügen kann
mit kleinen Zielen,
ist immer »im Kommen«,
ist immer am Anfang
und im Ziel zugleich.
Das unendlich Ferne
wird unendlich nah
für den, der im Kommen ist.
Ferne und Nähe
sind eins
in uns.
In unserem Kommen
ist Gott.
Gott ist im Kommen.
Sein Kommen
ist unser Kommen.
Kommen können!
Auch der Körpertod
ist nur ein Teilziel

in seinem und in unserem
Kommen.
Gott,
keiner kommt dir gleich,
aber alle kommen wir zu dir,
allen kommst du
näher.

Menschen im Streß – »ich schaff's nicht mehr« –, das sind akute Probleme. Wir sind in Hetze von früh bis spät, ein einziges Rennen. Wir versuchen, uns dadurch Erleichterung zu schaffen, daß wir Techniken erfinden, die Zeit und Arbeit sparen. Das gelingt uns auch: Die Autos werden schneller, Schreibmaschinen können selber schreiben, der Computer denkt für uns rasch und fehlerfrei, wie wir es niemals könnten: Maschinen, die sich selbst bedienen.

Alle diese Anstrengungen geschehen, um mehr Zeit zu gewinnen. Aber die gewonnene Zeit wird sofort verschluckt von einer noch größeren Hetze. Das Tempo wird nicht geringer, sondern noch schneller. Bei bestem Willen kann man sich dem Tempozwang nicht mehr entziehen. Wir können auch schon nicht mehr anders, als auf »vollen Touren« laufen. Und wenn wir gezwungen werden, vom Gaspedal zu steigen – etwa durch ein Verkehrschaos –, dann gehen uns die Nerven durch. Wir können – dürfen – nicht mehr langsam sein, weil wir sonst unsere Aufgaben nicht mehr erfüllen und unsere Ziele nicht erreichen.

Man könnte unseren Streß auch als »Zielkrankheit« bezeichnen. Die Möglichkeiten, rasch ans Ziel zu kommen und Probleme rasch zu lösen, verleiten uns, daß wir uns immer mehr Ziele setzen, in der Hoffnung, vom Leben mehr zu haben. Die Ziele vermehren sich »wie Kaninchen« – und dann kommen wir bei aller Raserei überhaupt nicht mehr durch; wir wissen nicht mehr, »wo wir zuerst hinlangen sollen«, und dann »vergreifen« wir uns – nicht nur in den äußeren Lebensbereichen! Wir haben uns »verzielt« und kommen nicht mehr »zu Schuß«.

Eine Ursache für den Streß liegt wohl auch darin, daß wir schon in der Schule auf das Erreichen von Zielen dressiert werden. Das Thema: »Wie man auch mit schlechten Noten leben kann«, oder »Mißerfolg kann der größte Erfolg werden« steht in keinem Lehrplan. Im Fach »Religion« ist das Kreuz zwar ein Thema, aber die Wahrheit, daß im äußeren Scheitern Auferstehung möglich wird, kommt selten lebensnah zum Durchbruch. So sind viele Menschen, auch schon Kinder, am Ende ihres Lebens angelangt, noch bevor es angefangen hat.

Auch im Religiösen bestimmt das Leistungsdenken weithin unser Leben. Gewiß muß es auch hier Pflichterfüllung und »feste Bräuche« geben. Das sind Hilfen, aber nicht das Eigentliche. Wer nur auf Pflichterfüllung bedacht ist und darauf, »daß man sich nichts vorzuwerfen hat«, kann Gott nicht erfahren, weil er in seinem Streben eigentlich nicht mehr Gott sucht, sondern nur die Bestätigung seiner religiösen Leistung. Und weil die Anerkennung weithin ausbleibt, verschafft er sie sich selbst: erkennt sich selber an und wird zum Pharisäer. Überheblich, selbstzufrieden, bestrebt, Moral und Gnade wie eine Ware aufzustapeln. Das Bibelwort: »Nicht wer sich selbst empfiehlt, ist bewährt, sondern der, den Gott empfiehlt«

(2 Kor 10, 18), trifft hier nicht mehr zu, weil Gott und Kirche nicht mehr der Weg-Weisung und Weg-Findung dienen, sondern der Leistungsbestätigung. Diese Tatsache wird offenbar, wenn die Kirche etwas sagt, das dem Selbstgerechten nicht paßt. Er wird aggressiv, ist nicht mehr bereit, mitzugehen, sich neu zu orientieren, und tritt aus.

Es liegt in uns Menschen, daß wir fertig machen und fertig sein wollen. Die Triebkraft führt zur Leistung, ohne die wir auch nicht leben können. Die Leistungsfreude spielt eine große Rolle in unserem Selbstbewußtsein. Und die Freude, »am Ziel zu sein«, soll nicht verdächtig werden. Viele Menschen, die *ihr* Ziel nicht erreichen, scheitern gerade deshalb, weil sie unfähig sind, erreichbare Ziele zu finden.

Sie wollen das, was andere tun, oder tun das, was andere wollen! »Am Ziel sein« — hier gibt es auch einen Unterschied: Der eine ist stolz und sagt: »Ich hab's geschafft«; ein anderer sagt: »Ich hab' das Ziel erreichen dürfen.« Äußerlich gesehen haben beide das gleiche geleistet, innerlich und eigentlich ist der zweite dem ersten weit voraus.

Es geht *darum:* Wenn etwas »fertig machen«, mit etwas »fertig sein« Prinzipien im Leben sind, dann ist es gut. Wenn sie *das* Prinzip des Lebens sind, dann führt das zum »Sich-und-andere-Fertigmachen«, und am Ende sind alle »fertig«. —

Das Geheimnis des Lebens und *das* Lebensprinzip sind das Ja zur Unfertigkeit bei aller Leistungsfreude. »Wenn ihr alles getan habt, dann sagt: Unnütze Knechte sind wir« (Lk 17, 10). Dieses Jesuswort faßt alles zusammen. Die Un-nützlichkeit soll uns nicht deprimieren, sie soll uns immer in Gang halten und verhindern, daß unser Leben der Raserei des Leistungsprinzips verfällt. Wer »rasend ist«, ist schwer »in Gang« zu bringen. Der Rasende braucht Ruhe, um in Gang zu kommen. Krankheit, Mißerfolg sind oft die einzigen Boten, die den gehetzten Menschen zur Ruhe, in Gang bringen.

Leben, glauben, lieben heißt: immer unterwegs sein, immer weiter gehn und mehr erleben, alle Ziele überschreiten. Nur unterwegs treffen uns die Augenblicke, in denen wir das Leben selbst erleben. Das Ziel des Lebens ist nur dann erreicht, wenn wir unterwegs geblieben sind. Das innere und das äußere Unterwegssein sind nicht getrennte Zonen. Urlaub, Wandern, Gehen sind eine Möglichkeit, um wieder neu in Gang zu kommen und sich von dem Betrieb zu trennen, der uns oft erdrücken möchte. Doch ist das Ferienmachen auch eine Kunst, die mancher wieder lernen muß.

Ent-Täuschungen sind jene Erlebnisse, in denen einer inne wird, daß er »falsch liegt«, daß er sich etwas vorgemacht hat. Insofern ist jede Ent-Täuschung die Chance, sich »richtig« zu legen, sich zu ändern. Je stärker sich jemand auf etwas festgelegt hat (z. B. »diesen Lebenspartner muß ich unter allen Umständen haben« — »im Beruf muß ich dies und jenes erreichen« usw.), um so stärker und schmerzlicher sind die Enttäuschungserlebnisse, wenn es »anders kommt, als man dachte«! — »Jetzt habe ich alles getan, alles eingesetzt, und es hat doch nicht geklappt!«

Festlegungen (= Selbsttäuschungen) können so stark sein, daß die damit notwendig verknüpften Ent-Täuschungen gar nicht mehr akzeptiert (sondern verdrängt) werden: »Das darf doch nicht sein!« — Häufig wird eine Selbsttäuschung durch eine andere abgelöst. Man erkennt, daß man »falsch liegt«, und geht trotzdem in gleicher Richtung weiter! Dieser Weg führt schließlich in Depression, Neurose, Antriebslosigkeit, Selbstmord; man muß sich selbst vernichten, weil man sich nicht mehr los-lassen kann.

Sorget nicht!

Die Bibel beläßt es nicht bei diesen nackten zwei Wörtern. Sie löst das Problem nicht theoretisch, sondern ganz praktisch und einfach, für jeden erreichbar: Schaut die Vögel an! die Blumen! Es geht nicht um einen verstandesmäßigen Vergleich, sondern um ein An-schauen, sich Zeit nehmen und mit allen Sinnen Vögel und Blumen wahr-nehmen! Sich be-sinnen und sich intuitiv einmal Vögeln und Blumen aussetzen! Dann kann es geschehen, daß mir etwas aufgeht, das man mit Worten nicht mehr wiedergeben kann, das aber tatsächlich hilft, daß ich loslassen kann und ins Leben komme.

»Sorget nicht« — tu das Deine — exakt, genau, mit ganzem Einsatz —, aber besorge nicht das Unbesorgbare — laß es kommen, laß dich beschenken, laß dich leben!

Wir werden immer wieder neu, in jeder Enttäuschung. Es gilt, Unbesorgbares zu lassen und Besorgbares neu tun zu müssen. Das Evangelium könnte uns Kraft dazu geben, weil wir hier immer wieder spüren, daß wir letztlich versorgt sind, vom Leben, von Gott selbst her.

Weg in der Wüste

Eine Stimme ruft:
Bahnt für den Herrn
einen Weg durch die Wüste!
Baut in der Steppe
eine Straße für unseren Gott!
Alle Täler sollen sich heben,
alle Berge und Hügel sich senken.
Was krumm ist, soll gerade werden,
und was hüglig ist, eben.
Dann offenbart sich die Herrlichkeit des Herrn,
alle Menschen werden sie sehen. *Jesaja 40, 3–5*

Angst, Verzweiflung, Freudlosigkeit sind für viele Menschen der Rest eines zerstörten Lebens. »Ich darf gar nicht denken; wenn ich zu denken beginne, ist alles aus« – dies sind Äußerungen, die aus der Erfahrung von Ausweglosigkeit kommen. »Ich stehe wie vor einer Mauer.« »Wenn ich dieses oder jenes Wort höre oder diesen oder jenen Menschen sehe, kommt mir schon alles hoch.« Man könnte die Reihe derartiger Äußerungen beliebig vermehren. Mit den Mode-Bildwörtern »Bahnhof«, »Sackgasse« wird kurz in unserem Sprachgebrauch die Weglosigkeit und Ausweglosigkeit vieler menschlicher Situationen bezeichnet. Bei dieser Meditation geht es gerade um die Stellen in unserem Leben, wo wir resigniert (= »die Wegzeichen zurückgesteckt«) haben, wo wir vielleicht sagen: »Es hat keinen Sinn mehr« oder »Ich hab's aufgegeben«.

Alle Erfahrung von Weglosigkeit oder, wie man heute zu sagen pflegt, »Frustration« ist zunächst ganz einfach eine Enttäuschung: Der Weg, auf dem man gegangen ist, den man mit guten und oft auch frommen Gründen für den richtigen hielt, hat sich als Irrweg oder Sackgasse erwiesen: »Jetzt habe ich doch alles richtig gemacht in meiner Ehe, in meinem Beruf, in der Kindererziehung ... und jetzt habe ich die Misere.« »Wenn man kein Gewissen hätte wie die anderen, denen alles hinausgeht...« »Immer trifft es die Guten ...«

Es ist tragisch, daß jener, der sich um die Pfade der Tugend bemüht, genauso in Ausweglosigkeit und Verzweiflung geraten kann wie der, der sich um Moral und Tugend nicht kümmert!

Derartige Ent-Täuschungen (»Jetzt habe ich so viel getan und geleistet und bin doch am Ende!«) dürfen nicht zu dem Fehlschluß führen, als ob eine gute Lebensplanung sinnlos wäre! Leben braucht Ordnung, Regeln, feste Wege, Bräuche, Gesetze und Gebote. Anders ausgedrückt: Die Wege des Lebens, die wir planen, sind »notwendige, aber nicht hinreichende« Erfordernisse. Das Leben ist größer als unsere Logik und Schlauheit; so müssen wir den logischen Widersinn als Lebenswahrheit einmal annehmen: Wir müssen das Leben planen, obwohl wir wissen, daß wir es letztlich nicht planen können bzw. daß wir es durch gewaltsames Planen *ver*planen, zerstören. Das Leben *braucht* Ordnung, aber es kommt nicht *von* der Ordnung!

Wovon kommt es dann? – Es kommt von

selbst. Daraus ergibt sich ganz einfach: Wer Leben haben will, muß es *von selbst* kommen lassen! Man traut sich so etwas kaum zu denken oder zu sagen, weil man sich sofort dem Hohngelächter der Frustrierten hilflos ausgeliefert sieht; sie, die schon so viel umsonst und vergeblich Pläne »gemacht« haben, wollen ein absolut machbares Lebensglück; sie wollen nur die Wege gehen, die sicher, unter Garantie zum Ziel (= Lebensglück) führen! Mit einem »Von-selbst-kommen-Lassen«, oder biblisch: »Geh nur, wohin ich dich sende«, können sie oder wollen sie nichts anfangen.

Und doch beobachten wir, daß *die* Menschen am glücklichsten sind, die »wachsen lassen«, »kommen lassen«, »reifen lassen« können; Menschen, die liebgewordene Pläne, Erwartungen, Urteile »weg-lassen« können. Menschen, die bei allem Planen und Vorsorgen letztlich doch nicht die Straßen des Lebens festlegen und selbst bestimmen, sondern die Wege offenlassen, zulassen, auf denen das Leben (das Glück, Gott!) *selbst* kommen kann. (Das Leben wird beglückend immer als »Überraschung« oder »Geschenk« erfahren, nicht als Leistung oder rechtmäßige Abdeckung eines Anspruchs!)

Wir haben bisher von »Leben« und »Glück« gesprochen; gemeint ist dasselbe, was die Bibel mit »Gott« oder »der Herr« zur Sprache bringt. Der Mensch, der erfahren hat, was *das* Leben ist, weiß: Gott ist das Leben und das Leben ist Gott; »Ich bin der Weg, die Wahrheit und das Leben!« (Joh 14, 6).

Schließlich münden diese etwas schwierigen Überlegungen in einen ganz einfachen Gedanken: Es kommt nicht darauf an, daß *wir uns* (nach den eigenen Vorstellungen und Überlegungen) *unsere* Wege zu Gott (zum Leben) bauen, sondern daß wir ihn auf *seinen* Wegen zu uns kommen lassen; daß wir an seinen Wegen »bauen«, indem wir seine Wege zulassen.

Wenn Menschen zueinander kommen, ist es wohl schwer oder gar nicht auszumachen, wer zu wem gefunden hat. Wenn Gott und Mensch zusammenkommen, liegt der Akzent auf der Seite Gottes! »Nicht ihr habt mich erwählt, *ich* habe euch erwählt« (Joh 15, 16).

Auch an der tiefen Liebeserfahrung zwischen Menschen kann gezeigt werden, daß man eigentlich nicht fragen kann, wer zu wem gekommen ist, weil der Liebende erlebt, daß die Liebe (das Glück – Gott) durch den Menschen zu ihm und in ihn gekommen ist. Das Erlebnis des Erwähltseins in der Liebe ist mehr als ein Erwähltsein »nur« von einem Menschen!

Wir können unser Problem letztlich in zwei Worte fassen: Gott einlassen!

»Gott kommt in der Wüste« – das ist ein Hauptgedanke des Jesaja (Deuterojesaja) und seines Schülers Baruch. »Die Wüste wird zum blühenden Garten.« Gerade da, wo nach unserem Ermessen und Erwarten kein Leben ist, wird Leben, üppiges Leben. Dort, wo nach unserem Empfinden kein Weg ist, ist der Ort, wo er kommt. Die entscheidenden Bereiche unseres Lebens liegen nicht dort, wo alles »glatt«

und »geschmiert« dahingeht, sondern — ganz paradox — dort, wo es *nicht* weitergeht, wo Berge und Abgründe keinen Weg lassen, wo Wüste, Weglosigkeit ist. In der Regel fliehen wir die Wüste und sagen: Gerade da kann Gott nicht sein. Den Weg »des geringsten Widerstandes« halten wir meist für den besten!

Gott ist anders; er kommt in der Wüste. Wir dürfen die Wüstensituationen unseres Lebens (in Ehe, Familie, Beruf) als Wegsituationen erachten: gerade da, wo wir meinen, es geht nicht weiter, wird es weitergehen; wir brauchen nicht zu fliehen; wir dürfen, ja wir müssen gerade und genau da, wo wir sind, bleiben und auf den Herrn (auf das Leben) warten und seine Wege suchen. Seine Wege werden jeweils in den Augenblicken und in den Situationen neu, in denen wir uns gerade befinden.

Jeder Berg soll abgetragen werden, die ewigen Hügel sollen sich senken! In den Wüstensituationen »sehen wir uns nicht hinaus«, weil wir eingekesselt sind von »Bergen«, von »unüberwindlichen« (= ewigen) Schwierigkeiten. Wie geht man nun solche »Berge« richtig an? Wie trägt man sie ab? Zur Hilfe ein Vergleich: Es gibt Menschen, für die sind Berge etwas Bedrückendes, Beängstigendes; dem unsportlichen und unbeweglichen Menschen sind Berge etwas Unwegsames. Dem Naturfreund ist gerade der unwegsame (Kletter-)Berg *Weg* zu überwältigenden Erlebnissen.

Berge »abtragen« heißt: Berge für sich zum Weg machen; hinaufsteigen, nicht davonlaufen.

Die Gebirge unseres Lebens: Vorurteile, mit denen wir uns und andere blockieren, Bedingungen und unerfüllbare oder kaum erfüllbare Forderungen (an uns, an andere, ans Leben) sperren uns ein. Unser Leben gleicht manchmal einem Kessel. Wie kommen wir heraus? Wie kommen wir »darüber hinweg«? Indem wir uns bewußt darüber hin-weg-setzen.

Jedes Tal soll sich heben; soll ausgefüllt werden. Abgründe bedrohen uns: Ängste, Unsicherheit, Unvermögen; das ständige Erleben-müssen: ich bin zu schwach, zu unfähig. Wie überwindet man Abgründe? Die Antwort ist kurios, aber doch ernst gemeint: »indem man sich hineinfallen läßt!«

Wer sich nicht fallen läßt, kann nicht erleben, daß er getragen wird! In jedem Menschen sind Abgründe, die nur mit Liebe gefüllt werden können. Das Überwinden der Abgründe geschieht aktiv und passiv: sich fallen lassen und aufgefangen werden; auffangen und sich fallen lassen. Glücklich der Mensch, der sich fallen lassen kann und der erlebt, daß seine Abgründe mit Liebe aufgefüllt werden.

Sich fallen lassen heißt weg-schenken, sich wegschenken: Weg-schenken: im Schenken, im Loslassen, im Fallenlassen entsteht der Weg; der Weg des Herrn.

Der Mensch, der weg-läßt (Weg läßt) und wegschenkt, erlebt ein Doppeltes: Den Weg, den er »läßt« und »schenkt«, macht *eigentlich* gar nicht er selbst; es ist Gott selbst, der die Wege bereitet, auf denen er kommt; genauer: es ist Gott selbst, der sich als Weg schenkt. »Ich bin der Weg.« In diesem Erlebnis münden das menschliche Weg-Arbeiten und das göttliche Weg-Sein in eins. Der Prophet sagt: »Die Berge sollen sich senken ...« »Gott hat befohlen ...« – dabei bleibt offen, wer *eigentlich* der Handelnde ist.

Auf seiten des Menschen liegt auf alle Fälle die Bereitschaft, das aktive Loslassen.

Ferner erlebt dieser Mensch, daß er selbst Weg wird für andere. »Weg des Herrn sein für andere« – so könnte man von hier her das Wesen des Christseins beschreiben. – »Ein Mensch wird Weg«: Diesen Satz versteht jeder, der echte Liebe erfahren hat. Der Mensch unterwegs (= der *freie, gelöste, unverkrampfte, liebende* Mensch) wirkt als Weg (= befreiend, lösend, entkrampfend, belebend). – Das Weg-Haben und Weg-Werden ist das tiefe Glück der Gotteserfahrung des Menschen.

Das Wort des Herrn erging an mich Mensch, du wohnst mitten unter einem trotzigen Volk, das Augen hat, um zu sehen, und doch nicht sieht, das Ohren hat, um zu hören, und doch nicht hört; denn sie sind ein trotziges Volk.

Du, Mensch, pack deine Sachen, als würdest du verschleppt, und geh am hellen Tag vor ihren Augen weg, als ob du vor ihren Augen von deinem Wohnsitz an einen anderen verschleppt würdest. Vielleicht sehen sie es; aber sie sind ja ein trotziges Volk. Trag dein Gepäck am hellen Tag vor ihren Augen hinaus, wie ein Mann, der verschleppt wird. Am Abend aber geh selbst vor ihren Augen hinaus, wie die Leute, die in die Verbannung ziehen. Brich dir vor ihren Augen ein Loch in die Wand und kriech hindurch! Vor ihren Augen nimm das Gepäck auf die Schulter! Bring es in der Dunkelheit weg! Verhülle dein Gesicht, damit du das Land nicht mehr siehst. Denn ich habe dich zum symbolischen Zeichen für das Haus Israel gemacht. Ich tat, was mir befohlen wurde. Bei Tag trug ich mein Gepäck hinaus, wie ein Mann, der verschleppt wird. Am Abend brach ich mit den Händen ein Loch durch die Wand; in der Dunkelheit kroch ich hindurch. Dann nahm ich vor ihren Augen das Gepäck auf die Schulter.

Ezechiel 12, 1–7

Das Volk ist widerspenstig, es will nicht mehr gehen, nicht mehr unterwegs sein. Die Menschen wollen nicht mehr in der Spannung, Anspannung des Glaubens leben, in der das Trauen auf den bewährten Gott die Kraft gibt, das Leben zu riskieren und damit zu meistern.

Sie haben sich eingerichtet.
Sie verstehen ihr Leben und ihre Lebensqualität
als das Ergebnis ihrer Tüchtigkeit,
als Ergebnis der eigenen Leistung und Klugheit.
Ihr Leben ist nicht mehr die unmittelbar
empfangene Gabe Gottes, das Geschenk, das
in jedem Augenblick neu kommt.
Sie leben aus Leistung und Erfolg,
nicht mehr aus Gnade.

Das Sehen und Hören, die Sinne, das Denken
sind auf das Nützliche, das Vorteilhafte,
das Zweckmäßige, das Vernünftige eingestellt.
Die Sinne und das Denken sind nicht mehr *wach*,
d. h. nicht mehr eingestellt auf den Augenblick,
auf den unbekannten Augenblick
wie bei Menschen, die unterwegs sind.
Die Augen sehen in den Dingen und Vorgängen
das Eigentliche nicht mehr;
sie sind nicht mehr wach, darum blind.
Die Ohren hören das Eigentliche nicht mehr;
sie sind nicht mehr auf Gott eingestellt,
darum sind sie taub.
Israel bin ich.
Ich sehe mein Leben, meine Schönheit, das was
ich habe, praktisch nicht mehr als Geschenk
Gottes, sondern als Konsumgut!
Ich müßte ja überströmen vor Freude.

Ich habe mich »eingerichtet«.
Bei der äußeren Seßhaftigkeit bin ich auch innerlich »sitzengeblieben«.
Das Unterwegssein habe ich mit »Fortschritt« vertauscht.
Die Geschenke Gottes behandle ich wie Waren; »Vermarktung« des Lebens, der Gnade.

»Deine Schönheit wurde gerühmt; denn sie war vollkommen durch meinen Schmuck, den ich dir angelegt hatte. Doch dann hast du dich auf *deine* Schönheit verlassen und dich auf Grund dieses Ruhms zur Dirne gemacht. Du hast dich einem jeden angeboten, der vorüberging, und bist ihm zu Willen gewesen« (Ez 16, 14 u. 15).

Schönheit, Leben, Geschenk –
verkauft, vermarktet.
Wenn mir jemand ein Geschenk macht, und ich nehme das Geschenk an in dem Gedanken und in der Absicht: Was nützt es mir, was habe ich davon, wie kann ich es zu Geld machen?
Was geschieht da?
Ich bin unfähig geworden, mich beschenken zu lassen!
Man kann mir keine Freude mehr machen.
Gott kann mich nicht mehr beschenken.
Ich kann nicht mehr glücklich sein.
Dies ist wohl die Hauptursache aller Depression: das Viele, das wir haben, nicht als Geschenk erleben können!

»Wir ermahnen euch, daß ihr die Gnade
(= Geschenke) Gottes nicht vergeblich
empfanget« (2 Kor 6, 1).
Die Geschenke Gottes kommen immer »jetzt«,
im Augenblick, nicht als Ergebnis unserer
Berechnung und Leistung und immer anders
als unsere Konsumerwartung.

Wer wird mich Festgefahrenen wieder in Gang
bringen? Das kann ich noch einsehen,
daß die eigenen Kräfte immer auf Berechnung,
Leistung und Konsum gerichtet sind, und daß
ich mich nicht selber davon befreien kann;
ich muß herausgerissen werden.
Ferner kann ich einsehen, daß es weh tun wird,
wenn ich von meinem gewohnten Treiben
befreit werde, weil ich so an Konsum,
Funktionieren und an Erfolg gewöhnt bin.
Ich bin gewöhnt, daß alles so geht,
wie ich es will; darum werfen mich Kleinigkeiten
schon aus dem Geleise.
Wenn ich wirklich wieder in Gang kommen soll,
muß wohl etwas geschehen mit mir,
was mir ganz und gar nicht paßt,
was mein ganzes »Leben« durch-kreuzt;
ohne Durchkreuzung, ohne Kreuz
geht es wohl nicht.
Wenn es aber geschehen ist,
wenn ich ins Kreuz gekommen bin,
wenn mir das genommen wurde, was ich nicht
lassen konnte,
dann kann sein, daß ich wieder in Gang
gekommen bin.

Dann war alles Leid nur Signal meiner
Widerspenstigkeit und Festgefahrenheit.

Der Prophet soll denen, die festgefahren sind
und nicht mehr sehen können,
eine erste Ahnung geben von dem,
was geschehen muß, damit sie wieder in Gang
kommen. Er soll »blinde Augen öffnen«.

Gott und sein Wirken sollen wieder in den
Sinn kommen. Die stumpfen Sinne müssen
dafür wieder geöffnet werden. Sie müssen
auf-horchen, auf-schauen, geschockt werden.
»Brich dir – mit den Händen ein Loch durch
die Wand ...« Mit diesem Zeichen sind unsere
Sinne unmittelbar angesprochen: Wir müssen
uns das ganz plastisch vorstellen oder szenisch
darstellen:
Ein Mensch bricht mit den Händen ein Loch
durch die Wand – obwohl eine Tür da ist: Sinn-
los!? – Und gerade da beginnt der Sinn.
Das In-Gang-Kommen, der Durchbruch
geschieht an einer ganz anderen Stelle,
als es die Menschen von sich aus erwarten.

Andererseits wird erkennbar: Der Prophet,
d. h. der Mensch, der »in Gang ist«,
der aus dem Glauben lebt,
wird ganz andere und ganz unmögliche
Durchbrüche schaffen im Vergleich zu den
Menschen, die festgefahren sind.
»Schaffe dein Gepäck (Fluchtgepäck) hindurch
und krieche hindurch ...«

Es ist schade, daß die Erfahrungswerte dieser
Worte vorwiegend spielenden Kindern
vorbehalten sind. Man müßte als Erwachsener
wieder einmal irgendwo durchkriechen,
sein Gepäck durchschaffen, um das in den Sinn
zu bekommen, was der Prophet meint.
Schließlich das verhüllte Gesicht:
Der Mensch, der wieder in Gang kommt,
wird seinen fixierten Blick lösen müssen.
Er soll nicht mehr auf *etwas*, auf sein Land,
seinen Besitz festgelegt sein, sondern er soll
alles in den Blick bekommen.

Dies alles wird Gott tun.
Er wird uns in Gang bringen,
er wird uns durch-bringen.
Wie das zunächst für uns aussieht, Katastrophe,
Leid ... ob wir das zu unseren Lebzeiten ganz,
teilweise oder nicht begreifen
bzw. in den Sinn bekommen,
ist, vom letzten Ende her gesehen, nicht
entscheidend.
Gott bringt auch den Verzweifelten durch;
der Betreffende hat es nur nicht, noch nicht,
begriffen.
Dafür gibt es viele Ursachen, aber die Klärung
und Erklärung der Ursachen kann diese Not
nicht beheben.

Jede Führung ins Exil, in die Verbannung,
ist Führung in eine neue Freiheit,
ist eine neue Führung in die Freiheit.
Vom Standpunkt einer in vollen Zügen

genossenen und konsumierten Unfreiheit aus
erscheint Freiheit immer als Verlust,
als Verbannung; der Konsummensch,
der auf »Freiheit« pocht, sträubt sich in Wahrheit
gegen die Freiheit.
Wohl-Stand, Be-sitz, Einrichtung, alles Wörter,
die Zustände bezeichnen und nicht Vorgänge
des Lebens. Diese Begriffe treffen sehr häufig
auch auf die inneren Zustände eines Menschen
zu und bezeichnen seine Unfreiheit,
seine Leblosigkeit, seinen Tod.
Wohlstand, Besitz und Einrichtung sind nicht
von sich aus Unfreiheit und von Übel,
sondern die *Ver-Haftung* daran.

Unterwegs begegneten sie einem Mann. Er redete Jesus an und sagte: Ich will dir folgen, wohin du auch gehst. Da antwortete ihm Jesus: Die Füchse haben ihren Bau und die Vögel ihr Nest; der Menschensohn aber hat nichts, wo er sein Haupt hinlegen kann. Zu einem anderen sagte er: Folge mir nach! Der erwiderte: Laß mich zuerst heimgehen und meinen Vater begraben. Jesus sagte zu ihm: Laß die Toten die Toten begraben; du aber geh und verkünde das Reich Gottes. Wieder ein anderer sagte: Ich will dir nachfolgen, Herr. Zuvor aber laß mich von meiner Familie Abschied nehmen. Jesus antwortete ihm: Keiner, der die Hand an den Pflug legt und nochmals zurückblickt, taugt für das Reich Gottes. *Lukas 9,57–62*

Es ist ganz verschieden, wie Menschen Christen
werden und zur Nachfolge Jesu kommen.
Christsein und Jesusnachfolge ist dasselbe.

Jesus begegnet einem Begeisterten, einem
»Jesus-Fan«.
Solche Begeisterung ist noch sehr ungeläutert.
Sie enthält vieles, was mehr ein »selbstisches
Ergötzen« ist als Bereitschaft zur Nachfolge.
Auch in unseren Tagen erleben wir,
daß Jesusbegeisterung oft bis zur Ekstase
herbeigeführt wird, um sich damit zu berauschen,
um sie zu konsumieren.

Echte Begeisterung ist bei aller Lebendigkeit
immer nüchtern.
Sie kommt aus Liebe,
nicht aus dem Bedürfnis, Aufsehen zu erregen
und sich künstlich Ansehen zu verschaffen.
Echte Liebe ist anziehend, sympathisch,
vertrauenerweckend,
man fühlt sich geborgen.
Wenn man gekünstelte, gemachte Liebe spürt,
wenn man »angehimmelt« wird, wenn
Menschen immer ganz unmotiviert einen
freundlich grüßen,
ergibt sich der Verdacht: diese Menschen haben
Begeisterung gelernt!
Der echte Charismatiker nennt sich selbst nie so.
Es ist das Wesen des Charismas,
daß es sich selbst nicht definiert und abgrenzt.
Die Antwort Jesu ist sehr einfach:
Füchse — Vögel —
bei mir gibt's nichts zu holen, kein Ansehen,
keine Vorteile, nichts, worauf man spekulieren
könnte.
Füchse, Vögel haben ihr Programm, auf das sie
sich verlassen können.
Bei Jesus — nichts Derartiges.
Wer Jesus nachfolgt, muß ständig »unterwegs«
sein
und ganz in Augenblicken leben.
Er hat in dieser Welt nichts, wo er hingehört
und womit er rechnen könnte.

Freilich, wenn einer alles losläßt
um der Liebe, um Christi willen,

bekommt er alles hundertfach zurück –
schon jetzt.

Wenn man etwas haben will,
»muß« man es verlieren.
Der Verlust verwundet den Besitz
und macht ihn zum Geschenk,
das sehr oft ganz anders aussieht,
als wir es haben wollen.
Darum kann man es nie verlieren, in der
Absicht zu gewinnen!
Was da herauskommt, ist immer miserabel
und muß schließlich in Enttäuschung enden.
Gewinnen im Verlieren – das ist ein
Lebensvorgang, kein Rezept.
Man muß echt verlieren können!
Verlieren kann nur der, der nichts gewinnen will.
Das Motiv zum Lassen und Verlieren
ist das Vertrauen,
daß das Leben voller Überraschung ist,
die mich beglücken kann,
auch wenn sie anders ausfällt, als ich denke.

Wer Frau und Kinder, Vater, Mutter, Haus und Hof verläßt, der ist frei, um alles zu empfangen.
Jetzt kann er auch alles, was er hergab, neu empfangen.
Das hundertfach Zurückempfangene liegt in der Beziehung, die er jetzt neu empfangen hat.
Nun ist er frei
und kann sich frei der Mitwelt und der Umwelt anvertraun;
er ist nicht mehr »ver-haftet«.

Im Freisein erlebt er auch den Ursprung seiner Freiheit:
Gott, der ihm begegnet, ist in Jesus,
der ihn befähigt hat, »ihm nachzugehen«.
Nachfolge ist kein Leistungsschema,
sondern nur ein anderes Wort für
»Unterwegssein«.
Das äußere Verlassen von Menschen und Dingen
ist jeweils dann geboten,
wenn das innere Lösen sonst nicht möglich ist,
und wenn die Verhältnisse es selbst verlangen.
Es gibt ja auch ein »Fortgehn«,
das aus Sturheit und Beharren kommt.

Der andere Mann in unsrer Szene
wird von Jesus selber angeredet:
»Folge mir!«
Hier werden alle »Wenn« und »Aber« deutlich,
die uns hemmen, die Augenblicke
wahrzunehmen
und in diese einzugehen.
Wir sind programmgebunden bis ins kleinste
und haben »vorher immer noch etwas zu
erledigen«.
Objektiv sind es auch echte Pflichten,
die wir erfüllen müssen.
Wir sagen zwar »ja« zum Augenblick,
und »augenblicklich« bauen wir ihn ein in
unseren Plan, nach unseren Schemata.
Der geplante Augenblick, das geplante Glück
sind wie ein Zufall, der geplant wird:
Das geht nicht.
Wie sehr wir alle verplant sind,

stößt uns gleich beim Lesen unseres
Bibeltextes auf:
»Den Vater sollen wir nicht mehr beerdigen!?«
Und so etwas verlangt das Evangelium!

Wir sind auch gleich zur Hand,
um dies moralisch, plangerecht und stimmig
in das gewohnte Denken einzuordnen.
Wir sagen:
Jesu Forderungen verlangen stets das Letzte.
Je stärker etwas weh tut,
um so besser ist es!

Die Wahrheit ist das Gegenteil.
Wir dürfen nicht den neuen Wein in alte
Schläuche füllen.
Das Neue, das uns Jesus bringt,
verlangt von uns ein neues Denken:
Es geht nicht darum,
was Jesus zum alten noch dazu von uns verlangt,
sondern darum, was er uns *ermöglicht*.
Er fordert nicht »das Letzte«, er ermöglicht es.
Wer ihm begegnet, wer ihm nachfolgt, wird frei.
Er schenkt uns die Freiheit,
die allem, was uns gefangenhält,
den Vorrang nimmt.
Jesus sagt nicht,
was wir »tun müssen«, um ihm nachzufolgen –
(loslassen – mehr kann man da nicht sagen!),
sondern was mit uns geschieht,
wenn wir unser Leben auf ihn setzen:
Er wird unsere Kraft, die das Unmögliche
ermöglicht.

Der dritte Mann in unserer Szene
vereinigt beides: Begeisterung und Anstandspflicht.
Ihm wird das Wort vom »Pflug« gesagt.
Meistens deuten wir auch dies wieder moralistisch um.
Mit Wörtern wie »Entscheidungstreue«, »Willenskraft« und »Tapferkeit«
wird das bereits verändert, was Jesus hier gemeint hat.
Man müßte wirklich einmal pflügen,
um zu spüren, was das ist: »Hand am Pflug«.

Für die Hand am Pflug ist nur das wichtig,
was jetzt gerade ist,
genau der Boden unter mir, den ich durch den Pflug erfühle.
Jesus sagt auch noch: »nicht umschauen!«
Da, wo du bist, genau da – und nur da
wirst du mir begegnen.
Die Orte der Nachfolge werden nicht erst aufgesucht,
sie sind immer da – da, wo einer eben steht.
Wenn einer Jesus nachfolgen will,
also Hand an den Pflug legt,
dann muß er wissen:
Die Nachfolge kann immer nur »augenblicklich« geschehen.
Hier und jetzt.
Aus dem Hier und Jetzt kann sich die Frage
»Was tun?« ergeben.
Aber die Fragen, die sich aus der Nachfolge Jesu ergeben,

besagen etwas völlig anderes
als die Fragen, die ein Mensch stellt,
dem Jesus zwar sympathisch ist,
der aber das eigentliche Ja zu Jesus
noch nicht sagen konnte.
Der Augenblick darf nicht »vermarktet« werden,
auch nicht in den »geistlichen Berufen«.

Mitte ist mehr als nur ein geometrischer Punkt. Wo die Mitte fehlt, gibt es keine Ordnung, keine Orientierung. »Die Wahrheit liegt in der Mitte.« — Dieser Satz stimmt auch, wenn wir mit »Wahrheit« nicht nur eine stimmige Aussage meinen. Wahrheit ist dort, wo das Leben selber ist. Wenn wir Leben, das wahre Leben wollen, brauchen wir eine Mitte — die wahre Mitte.

Mitte ist die Summe aller guten Motive; von dort gehen die Impulse aus, die uns in Tätigkeit versetzen und unserem Tun die Richtung geben. Die Mitte ist zugleich das Ziel, das all unser Tun auf sich lenkt. Mitte ist Ausgangspunkt und Zielpunkt zugleich, »Anfang und Ende«. Durch die Mitte bekommt alles seinen Ort und wird bestimmbar, gleichsam, als ob man die Bedeutung des »Nullpunktes« positiv sieht. Wenn ich den Nullpunkt verändere, stimmen alle Maße nicht mehr. Wenn sich alle Menschen auf eine Mitte einigen, wird Verständigung möglich.

»Alles dreht sich um die Mitte.« Die Mitte ist der Angelpunkt, der stehenbleibt, wenn sich alles »dreht«. Ein Stückchen Wand wird durch den Angelpunkt zur Tür. Am Drehpunkt werden die Hebelkräfte verwandelt. Wenn ich schwere Lasten heben will, muß ich versuchen, sie an einen Drehpunkt zu bekommen. Der Mittelpunkt gibt allen Dingen ihr Gleichgewicht.

Alle diese physikalischen Grunderfahrungen

erlauben es, daß wir auch beim Menschen von »Mitte« sprechen und damit etwas zum Ausdruck bringen, was man nicht begrifflich fassen kann. Wahrscheinlich ist der Vorgang umgekehrt: Der Mensch erfühlt eine Wirklichkeit, die er Mitte nennt, und macht dieses Wort dann zum physikalischen Begriff.

Die Not des Menschen könnte man mit Verlust der Mitte bezeichnen. Er hat kein Maß und Ziel; er ist »durcheinander«, weil ihm die Mitte fehlt. Er weiß nicht, was er tun soll, weil die Motive fehlen. Er kommt nicht »in Bewegung« und »in Gang«, weil ihm das Moment fehlt, das ihn beweglich macht: die Mitte. So bleibt er in seiner Starrheit liegen und kommt nicht vorwärts.

Umgekehrt gibt es so vieles, das Anspruch erhebt, Mitte zu sein für den Menschen. Im Kräftefeld von vielen »Mitten« treibt es den Menschen um, und schließlich hat er wieder keine Mitte. Dies macht deutlich, daß es nur *eine* Mitte geben kann, viele Mitten sind nicht möglich. Dies gilt auch für den Bereich der menschlichen Beziehungen. Wahrscheinlich liegt gerade hier der Ursprung für die Mitte-Wirklichkeit.

Der Mensch braucht die Mitte; aus sich kann er sie nicht erzeugen. Und wenn er trotzdem sich selbst zur Mitte, zum Maß aller Dinge macht, dann kommt er nicht in Drehung, sondern ins Schleudern. Wer »ins Schleudern« kommt, erlebt, daß er eine »falsche« Mitte, d. h. keine Mitte hat; er wollte sich bewegen ohne Mitte, deshalb kam er ins Schleudern.

Damit wir leben können, brauchen wir jemand, der uns die wahre Mitte gibt, der für uns Mitte ist: den Mittler. Der Mittler vermittelt: Er eint, was auseinander ist, er verbindet, was entgegengesetzt und durcheinander liegt. Im Kraftfeld der Mitte bekommen alle Menschen und alle Dinge ihre wahre Richtung. Wer diese Mitte hat, wird dadurch selber Mitte für die anderen. Menschen mit Mitte wissen, was sie wollen; sie strahlen Angstlosigkeit, Stärke, Sicherheit auf andere Menschen aus. Mitte gibt Vertrauen, das echte Selbstvertrauen, das auch bei den anderen Vertrauen weckt und sie an dieselbe Mitte anschließt. – Mitte haben ist soviel wie leben können.

Erst wenn wir uns in das hineingelebt haben, was »Mitte« ist, was jeder Mensch in sich trägt, nur oft sehr unbewußt, können wir manches Wort der Bibel recht verstehen. Mit Mitte meint die Bibel immer Lebenszentrum. »Wenn zwei oder drei versammelt sind, bin ich mitten unter euch« = »bin ich eure Mitte« (Mt 18, 20). »Ich sende euch wie Schafe mitten unter die Wölfe« (Mt 10, 16). Dies ist ein Missionswort: »Vermittelt« die Wölfe, werdet ihnen Mitte! – »Er stellte ein Kind mitten unter sie« (Mt 18, 2). Die Mitte *dient*; »ich aber bin mitten unter euch, wie einer, der dient« (Lk 22, 27). Sie waren versammelt, »da kam Jesus und stand in ihrer Mitte« (Joh 20, 19): Der gekreuzigte Jesus ist für seine Jünger »die Mitte« geblieben, neu geworden, unverlierbar, unsterblich. Das Wort »Mitte« bringt hier zum Ausdruck, was Auferstehung ist: durch den Tod hindurch »Mitte« haben.

Für das sinnenhafte Einleben in »Mitte« sind alle »Mitte-Spiele« gut. Mitte, Strahl und Kreis sind »Urwirklichkeiten«, auf die in der Regel jeder Mensch anspricht. Durch Spiele wie Reigen, Tanzen wird Mitte erlebt = sich drehen = Mitte sein; sich um etwas drehen = Mitte haben; im Kreis sitzen = wir sind ein Kreis, weil wir eine Mitte haben. Das Spiel mit gestalterischen Mitteln kann auch zum Empfinden von Mitte verhelfen (Sterne, Räder basteln, Ornamente mit einer Mitte malen usw.).

Im folgenden wird nun versucht, durch eine Rad-Meditation zur Mitte zu gelangen.

1. Holzklötze liegen auf einem Haufen.

Sie liegen herum, durcheinander.
Sie sind zwar da,
aber sie haben ihren Platz noch nicht gefunden;
kein Vorn, kein Hinten, kein Unten und kein Oben.
Sie werden nicht gebraucht.
Sie tragen nichts
und werden nicht getragen.
Sie sind nicht in Bewegung.
Sie haben keinen Sinn.
In einem solchen Zustand
ist es gleich,
ob einer da ist oder nicht.

2. Die Holzklötze werden bearbeitet, zugerichtet als Speichen für ein Rad.

Damit ich Sinn bekomme –
leben kann,
muß ich ins Verhältnis kommen;
ich muß wohin gehören;
ich brauche einen Platz – meinen Platz;
ich brauche ein Oben und ein Unten.
Mein Platz entsteht dort,
wo ich passe, hinpasse, hineinpasse –
wo ich mich in anderes füge –
wo ich mich an anderes binde.
Ich muß mich ändern – ändern lassen;
ich brauche eine Form.
Ohne Formen kann nichts zusammenpassen.
Form bekommen! –
Ecken, Kanten werden abgerundet –
das tut oft weh.
Gehorsam und Gefügigkeit
haben nichts mit Unfreiheit zu tun;
Gehorsam heißt:
gehören, hin-gehören können;
an-gehören.

3. Eine Radnabe mit dem Loch für die Achse wurde gedrechselt. Die verschiedenen Teile des Rades liegen auf dem Arbeitstisch.

Ein Punkt
muß allem Richtung geben,
alles ordnen und ins Verhältnis setzen.
Diesen Punkt kann ich nicht selbst bestimmen,
er ist schon da.

Ich muß mich nur von ihm
bestimmen lassen,
dann wird er meine Mitte
und bringt mich ins Verhältnis,
ins Spiel,
ins Leben.
Es ist die Not von vielen:
Sie wollen sich selber Mitte sein
und haben deshalb keine Mitte.

4. Ein Eisenband wird zu einem Reifen verschweißt; Anfang und Ende des Bandes werden eins. In den Eisenreifen werden die zum Rad gefügten Holzteile gespannt.

Der Kreis
macht erst die Kraft der Mitte spürbar, deutlich;
in ihm wirkt sich die Mitte aus.
Er eint die vielen einzelnen
zu einem neuen Ganzen.
Er bindet und verbindet,
hält zusammen
ohne Anfang und Ende.
Er gibt Abstand und Nähe;
die vielen Orte, die er gibt,
sind alle gleich,
von der Mitte her gesehen.
Jeder ist gleich wichtig.
Wenn ein Stück fehlt,
geht alles auseinander, wird unterbrochen.
Auf jeden einzelnen kommt es an.

5. Fertiges Rad

Geeint –
eingespannt im Kreis
zwischen Reifen und Mitte.
Haltend und gehalten,
an festem sicheren Platz.
Ich habe meinen Platz gefunden
mit den anderen
bei den anderen
durch die anderen
durch unsere Mitte.
Sie brauchen mich,
wie ich sie brauche;
wir
sind *nur* zusammen »*wir*«.

6. Das Rad wird mit einer Achse versehen und an eine Schubkarre montiert.

Eingespannt im Kreis
bin ich belastbar.
Nun kann ich alles tragen,
weil ich eine Mitte habe
und im Kreis
von allen gehalten bin.
(»Verbunden werden auch die Schwachen
mächtig!«)
Und umgekehrt:
Im Tragen-Können spüre ich,
was Kreis und Mitte ist.
Ich kann viel mehr ertragen
als nur mich selbst.
Das Erlebnis: Tragen-Können

trägt auch mich;
ich bin getragen
von dem, was ich trage.

7. Schubkarren mit Last

Alles kommt nun in Bewegung,
rollt ab.
Alles dreht sich um die Mitte.
Nun kommen auch die kleinen Kräfte
ins Spiel,
bewegend oder hemmend,
die ohne Rad kaum Wirkung hätten.
In der Mitte –
am Drehpunkt,
ist die Kraft am stärksten.
Dort setzen auch die Lasten an,
die alle tragen müssen.
Jede Sprosse
muß die ganze Last ertragen –
doch nur einen Moment lang,
dann kommt schon die nächste.
So wird das Lastentragen schön,
und ich bleibe nicht auf der Strecke
mit meiner Last.

8. Rad als Symbol

Die Jünger Jesu
waren durch seinen Tod
ganz »auseinander«
und »durcheinander«.
Da »trat er in ihre Mitte«
und machte sie neu zum Kreis.

Die unvergängliche Mitte,
die immer da ist,
»wenn zwei oder drei
in seinem Namen versammelt sind«.

9. Rollendes Rad

Alles kommt nun in Bewegung,
rollt ab.
Alles dreht sich um die Mitte.
Nun rühren auch die kleinen Kräfte an,
bewegend oder hemmend,
die ohne Rad kaum Wirkung hätten.
In der Mitte – am Drehpunkt
ist die Kraft am stärksten.
Dort setzen auch die Lasten an,
die alle tragen müssen.
Jede Sprosse
muß die ganze Last ertragen –
doch nur einen Moment lang,
dann kommt schon die nächste.
Im Funktionieren
zeigen sich die einzelnen Funktionen.
So wird das Lastentragen schön,
und ich bleibe nicht auf der Strecke
mit meiner Last.

10. Impressionen von Rädern

Jedes Rad und jeder Kreis
machen offenbar,
daß alles
eine Mitte hat.
Jede Mitte macht die eine Mitte spürbar.

Sie waren durcheinander,
eingeschlossen in Angst und Schwäche,
in ihrer Mitte getroffen –
da trat er in ihre Mitte –
die ewige Mitte
im unvergänglichen Kreis.

II. BEGEGNUNGEN

Du bist da

Solange du da bist,
wenn du nur da bist,
kann ich sein,
kann ich leben.
Ich
kann nur für dich da sein,
wenn du mich sein läßt,
nicht zwingst
in dein System,
in deine Leere.
Ich kann nicht deine Leere füllen;
ich kann nur deine Weite sein.
Wenn du weit bist,
ist deine Leere überwunden.
Du
mußt mich kommen lassen
auch dann,
auch dort,
wo du nicht mit mir rechnest,
wo deine Rechnung
nicht mehr stimmt,
um Mitternacht
im Stall.
ER
ist gekommen,
das DU für alle;
er ist da
heute.

Gott ist Mensch geworden. So lautet die christliche Frohbotschaft. Wir versuchen diese Tatsache metaphysisch-theologisch darzustellen und zu interpretieren. Dabei verlieren wir immer mehr jene Vorgänge aus dem Auge, aus denen uns Hoffnung, Leben und Heil zuwächst. Die weihnachtliche Theologie läßt uns kalt, bleibt fremd und dunkel, wenn wir nicht dem Erlebnis nachgehen, das zu dieser Theologie geführt hat. Versuchen wir im folgenden einen solchen Weg zu gehen.

Versuchen Sie sich bitte einmal ganz einzufühlen und hineinzudenken in einen Menschen, der nicht mehr weiter kann, der meint, er sei am Ende: es gibt für ihn keine Freude, kein Leben mehr. – Vielleicht waren oder sind Sie in einer derartigen Lebenssituation; es muß ja nicht letzte Verzweiflung sein, schon die kleinen Weglosigkeiten zeigen uns die Heillosigkeit unseres Daseins. Und wenn es Ihnen gutgeht, kennen Sie bestimmt einen Menschen in Not, durch den Sie erleben, was das heißt: keinen Weg, keine Freude mehr zu haben!

Ein solcher Mensch begegnet einem anderen. Dieser andere sagt zu ihm nur das eine Wort: »Komm.« Er sagt dieses »Komm« mit einem Tonfall, aus dem man Wärme, Offenheit, Geborgenheit, Getragensein spürt. Dieser Tonfall bewirkt mehr als je der Imperativ kühler Wortgrammatik! So, wie dieses Wort gesprochen ist, wirkt es vertrauenerweckend. Der Tonfall macht es zur unwiderstehlichen Einladung.

Nehmen wir nun an: Der Mensch in Verzweiflung folgt der Einladung – er geht mit. Er sagt sich vielleicht: Ich bin sowieso am Ende, was kann es schaden, wenn ich mitgehe, meinem Leben kann ich immer noch ein Ende setzen. Das Wort des Einladenden hat schon etwas bewirkt: einen Aufschub der Verzweiflung, ein wenig namenlose Hoffnung im namenlosen Elend.

Im Mitgehen wird dem Verzweifelten immer leichter ums Herz; er weiß nicht warum und wieso; er spürt es einfach. Er kommt durch seinen Begleiter zu Erlebnissen, die ganz neu sind, mit denen er niemals gerechnet hat; die er kaum beschreiben, geschweige denn definieren kann! Er weiß nur, es ist etwas mit ihm passiert, das ihm den Tod, die Verzweiflung genommen hat. Er kann vielleicht aus der Tiefe seines Herzens sagen: Wenn ich dich nicht gefunden hätte! Wenn du mich nicht mitgenommen hättest! Du bist für mich jetzt einfach alles! Ich allein wäre nicht mehr, ich hätte nicht mehr weiter können!

In jedem Leben geschehen derartige Erlebnisse immer dann, wenn wir genauso sprechen: »du bist für mich alles«, »wenn ich dich nicht hätte«, »du bist mein Engel«.

In diesem »du bist mir alles« wird deutlich, daß ein Mensch in solcher rettender Begegnung etwas erlebt hat, was »mehr« ist als bloße menschliche Leistung.

Dieses »Mehr« in menschlicher Begegnung und Liebe wird von Oberflächlichen manchmal in dem Sinn mißdeutet: Wenn einer sagt: »Du bist für mich alles«, dann hieße das soviel wie: »Du bist für mich wichtiger als Gott.« Wer so denkt, hat noch nicht begriffen, daß der Mensch nie mehr ist als Gott, daß er aber sehr wohl »mehr« sein kann als ein Mensch, wenn Gott in ihm vorkommt.

Solchen Erlebnissen des »Kommens« und »Wenn ich dich nur habe!« müssen wir nachspüren, um zu begreifen, was da geschehen ist, wenn die biblischen Autoren erzählen: »Ihr, die ihr mühselig und beladen seid, ihr, die ihr nicht mehr weiter wißt, kommt zu mir! Bei mir wird alles gut, da wird euer Herz ruhig.« Und diese Menschen gab und gibt es, die mitgegangen sind und die den Frieden, das Leben gefunden haben! Es sind Menschen, die zu Jesus ganz einfach sagen: »Du bist alles für mich, für uns! Zu wem sollten wir gehen? Dein Wort ist unser Leben!« — Das sind keine Phrasen, sondern Bekenntnisse des Lebens.

Beobachten wir, wie Jesus mit den Menschen überhaupt umging! Mit den Sündern: Er bedroht sie nicht, verdammt sie nicht — er sagt auch hier sein einladendes bedingungsfreies »Komm«.

Mit den Kranken und mit denen, die mit dem Tod nicht fertig werden: Sein »Komm« macht sie gesund, holt sie aus dem Tod heraus!

Diese Menschen sind es, die sagen: »Du bist für mich alles!« »Du bist Gott!«

»Gott« kennen sie ja bereits aus der Geschichte als den, der rettet, befreit, Leben gibt, der ganz einfach »herausholt«. Daß dieser Mensch Jesus

Gott ist, das erkennen sie aus ihrem Erleben heraus. Dieses Erleben sagen sie weiter: alle sollen es wissen, daß Jesus ihr Leben ist, und so wird ihr Leben zur Botschaft.

Aber wie kommen wir Menschen im 20. Jahrhundert dahin?

Dazu möchte ich ganz einfach aus meinem Leben erzählen in der Hoffnung, daß wir gemeinsam eine Antwort finden.

Ich habe als Seelsorger viel mit Menschen in Not und Verzweiflung zu tun. Mit einem solchen Menschen machte ich einmal einen Ausflug zu einem Wallfahrtsort, ohne jede Absicht; ich wollte nur ein wenig »Zeit haben« für den Bedrängten. Da geschah nun etwas, das äußerlich gesehen mit meinem Fall in keiner Beziehung steht, etwas ganz Zufälliges und Unauffälliges:

In der Kirche schaute mich eine Frau an. Dann sprach sie mich an: »Sind Sie Pfarrer?« Ich sagte: »Ja.« Sie sprach weiter: »Haben Sie ein wenig Zeit für mich?« – Ich ließ meinen Begleiter zurück und ging mit der Frau hinaus. Wir setzten uns auf eine Bank, und sie erzählte. Ein Meer von Elend. Als Kind kein warmes Nest, dann Ehe, eigene Kinder, Beruf – alles lief schief. Ich schaute sie nur an und hörte zu. Nach einiger Zeit unterbrach sie sich selbst und sagte zu mir: »Wissen Sie, daß Sie mir unsäglich geholfen haben?« Ich antworte: »Nein. – Aber es freut mich, wenn Ihnen geholfen ist.« Darauf sie: »Doch! – Ich hätte es selbst nicht geglaubt; ich hab's noch nie sagen können; jetzt hab ich's sagen können; Sie haben so hergehört.«

Darauf antwortete ich in eigenartiger Betroffenheit: »Wer Ihnen geholfen hat — das war nicht ich. — Das ist Gott.« Schweigen. Nach einer Weile sagte sie: »Jetzt verstehe ich; jetzt wird mir alles klar, warum ich da bin.«

Wir haben nicht mehr viele Worte gewechselt, wir gingen auseinander, und ich wandte mich wieder meinem Begleiter zu. Einige Zeit später, in den Weihnachtsferien, besuchte ich einen Freund. Er war Naturwissenschaftler. Wir kamen im Gespräch auf die Probleme der Weihnachtstheologie und der biblischen Weihnachtstexte. Ich versuchte deutlich zu machen, daß wir das Menschsein Gottes nie so ganz ernst nehmen wollen, wohl aus einer gewissen Angst vor den Konsequenzen. Wir sagen zwar, wie im Katechismus steht, »Jesus ist Sohn Gottes und wahrer Mensch«, unterschwellig erachten wir aber das Menschsein Jesu doch als ganz anders im Vergleich zu unserem Menschsein. Ich versuchte unserer Diskussion eine Wendung zu geben, indem ich die eben geschilderte Begebenheit behutsam erzählte. Aber mittendrin unterbrach mich mein Freund: »Hör mir doch auf mit deiner Geschichte! Bei euch Pfarrern muß ja überall der liebe Gott vorkommen, sonst ist euch nicht wohl. — Dafür werdet ihr ja auch bezahlt!« Er ließ mich nicht zu Worte kommen und versuchte, mir meine Geschichte bzw. Überzeugung auszureden: »Wenn du einem verzweifelten Menschen zuhörst — dann ist es doch selbstverständlich und natürlich, daß dieser Mensch das Empfinden hat, daß ihm geholfen wird! Das ist menschlich, da brauchst du doch nicht gleich Gott zu bemühen!« – Endlich kam ich wieder zu Wort: »Eben hast du es selbst gesagt: Das ist ganz ›natürlich‹ und ›menschlich‹! Genau das wollte ich sagen, so natürlich, so menschlich ist Gott!«

Er mußte aber den Weg durch Samarien nehmen. So kam er zu einem samaritischen Ort, der Sychar hieß und nahe bei dem Feld lag, das Jakob seinem Sohn Josef gegeben hatte. Dort war der Jakobsbrunnen. Jesus war ermüdet von der Wanderung und ließ sich darum am Brunnen nieder; es war um die sechste Stunde. Da kam eine samaritische Frau, um Wasser zu schöpfen. Jesus sagte zu ihr: Laß mich trinken! Seine Jünger waren nämlich in den Ort gegangen, um Nahrungsmittel zu kaufen. Die samaritische Frau sagte zu ihm: Wie kannst du als Jude eine Samariterin um Wasser bitten? Die Juden haben keine Gemeinschaft mit den Samaritern. Jesus antwortete ihr: Wenn du wüßtest, was Gott gibt und wer es ist, der zu dir sagt: Laß mich trinken, dann hättest du ihn gebeten, und er hätte dir lebendiges Wasser gegeben. Sie sagte zu ihm: Herr, du hast kein Schöpfgefäß, und der Brunnen ist tief; woher hast du also das lebendige Wasser? Bist du denn größer als unser Vater Jakob, der uns den Brunnen gegeben hat und der ebenso daraus getrunken hat wie seine Söhne und Herden? Jesus antwortete ihr: Wer von diesem Wasser trinkt, wird wieder durstig sein; aber wer von dem Wasser trinkt, das ich ihm geben werde, wird nicht mehr durstig sein, vielmehr wird das Wasser, das ich ihm gebe, in ihm zur Quelle werden, die Wasser für das ewige Leben ausströmt. Da sagte die Frau zu ihm: Herr, gib mir dieses Wasser, damit ich nicht mehr durstig werde und nicht mehr hierher kommen muß, um Wasser zu schöpfen. *Johannes 4, 4–15*

»Gib mir zu trinken!« Wir beobachten, was diese Aufforderung auslöst: Ein Mensch wird »gebraucht«, wie er es nicht vermutet, zumal bei dem gesellschaftlichen Gegensatz zwischen Samaritern und Juden. Jesus durchbricht diese Schranke. – »Gib mir zu trinken« bedeutet auch mehr als etwa »leih mir dein Schöpfgefäß!« Das Trinken gehört zu den »oralen« Urerfahrungen des Menschen; wer zu trinken gibt, gibt Leben; wer um einen Trunk bittet, »beteiligt« den andern am eigenen Leben. Das »Gib mir zu trinken« ist keine Aufforderung oder kein Befehl im Sinn von Macht oder Ausbeutung; es ist auch keine Herablassung, sondern einfach ein In-sich-Hereinnehmen des andern. Und das versetzt uns in Staunen; hier ändert sich etwas im Menschen.

Hier wird sichtbar, wo die Zugänge zum Menschen und zu seiner Veränderung liegen: wenn sie »gebraucht werden« in diesem Sinn. Denken wir an das Problem alter oder kranker Leute, die glauben, nicht mehr *gebraucht* zu werden. Stellen wir uns vor, wie das wirkt, wenn jemand das vermitteln darf, was er *gerade* hat, was er geben kann; wenn einer gebraucht wird speziell in der Situation, in der er sich eben befindet: Wenn einer geben oder helfen darf, gerade da, wo er kann; wenn einer einem andern etwas sein darf.

Das war aber erst der Anfang! Das nächste Problem ist, ob der Gebrauchte auch den »Braucher« brauchen kann, ob er bereit ist, auch von ihm etwas anzunehmen, ob er sich ein Gegengeschenk machen läßt. »Gegengeschenke« dürfen nicht als Rückzahlungen, als Pflichtaufgaben verstanden werden! – Ob wir nicht nur andern etwas sein wollen, sondern auch den andern etwas sein lassen!

Hier zeigt sich ein Problem: Wir wollen von Gott, von Christus, oft nur das, was wir uns ausgesucht haben, und nicht das, was er uns geben könnte, was wir vielleicht gar nicht kennen. Wir wollen uns nicht »überraschen« lassen. So wollte die Samariterin nur Entlastung im Wasserholen.

»Wenn du um die Gabe Gottes wüßtest!« Wenn du wüßtest, das ICH geben könnte! Es ist etwas, das man nicht in Worte fassen kann, nur ins Bild des Wassers. Wasser, das lebendig ist und lebendig macht, das zur Quelle, zum Brunnen wird! Durch Christus wird der Mensch zum Brunnen. Das, was im Menschen ist, wird lebendig, und das ist wieder lebendigmachende Wirklichkeit. Christus nimmt Gestalt an im Menschen, und der Mensch wird zu Christus, zum Christen. Der Mensch wird zum verströmenden Wesen; indem er sich verströmt, verströmt er Christus; und diese Wasser bewirken fortströmend dasselbe: »Ströme des ewigen Lebens« – strömend zum ewigen Leben.

Christ sein heißt Brunnen sein.

Aber wie wird man das?

Wir können es nicht machen! Aber es liegt doch auch an uns. Beim Brunnenwerden gibt es einen vielleicht sehr kleinen Bereich des Machbaren und Lernbaren. Um im Bild zu bleiben: Man kann und muß graben! Obwohl das Graben allein das Brunnenwerden noch nicht garantiert! Es gibt gutgemeinte Fehlbohrungen. Wir müssen uns immer wieder neu orientieren, Erfahrungen einbeziehen, neu ansetzen ... Es gibt Naturbrunnen ... es kann sein, daß der Brunnen aufbricht an anderer Stelle als dort, wo wir gebohrt haben – es kann sein, daß wir etwas ganz anderes zu geben haben, als wir geglaubt haben – mit all dem müssen wir rechnen! ...

Versuchen wir es einfach aus der Jesuswirklichkeit heraus zu sagen: Gib mir zu trinken; d. h., so wie er die Mitmenschen einbezogen hat in sein Leben, wollen wir es auch versuchen. Dies ist freilich nicht so einfach, wie es aussieht! Vielleicht können ein paar Regeln helfen, daß es besser gelingt.

Vom andern nicht gerade das erwarten, was er nicht hat! Wer den andern nur innewerden läßt, was er nicht kann, der zerstört ihn.

Den andern da in Anspruch nehmen, wo man glaubt, daß er aus der Fülle schöpft. Dadurch wird er sich der Fülle bewußt; er bekommt Freude am und im Schenken, er öffnet sich.

Dieses »in Anspruch nehmen« muß frei sein sowohl von Herablassung als auch von egoistischem Fordern. Es muß ein ehrliches Sehenlassen der eigenen Bedürftigkeit sein, mit der ich mich dem andern liebend, hoffend anvertraue.

Wer Verantwortung für eine Gemeinschaft trägt, soll nicht nur fragen: Was braucht unsere Gemeinschaft, was brauchen die einzelnen, sondern auch, was können die einzelnen mit ihren augenblicklichen Fähigkeiten beitragen.

Man wird hier unwillkürlich an das Gleichnis von den Arbeitern erinnert, die müßig auf dem Markt stehen, weil sie niemand »gedungen« hat.

Schließlich kommt es auch darauf an, daß wir uns selbst ganz einfach brauchen lassen, ohne zuviel Bedenken, ob der andere ein *Recht* auf unsere Liebe hat, ob er uns etwa mißbrauchen könnte.

Dann kann es vielleicht besser geschehen, daß Christus in uns Gestalt annimmt, daß er in uns vor-kommt, daß lebendige Wasser in uns zu sprudeln beginnen. Wenn wir andere im angedeuteten Sinn liebend gebrauchen und uns selber brauchen lassen, kann sein, daß wir begreifen und erfahren, was Christus uns zu geben hat — das unsagbare Leben, das mit dem Bild des lebendigen und lebendigmachenden Wassers gemeint ist. Es kann auch umgekehrt geschehen, daß wir gerade dann, wenn wir uns verströmen, innewerden, was uns letztlich Christus (bzw. Gott) gegeben hat; wir könnten innewerden, daß ER in uns ist.

Ich bin der gute Hirt. Der gute Hirt gibt sein Leben für die Schafe. Aber der Tagelöhner, der nicht Hirte ist und dem die Schafe nicht gehören, läßt die Schafe im Stich und flieht, wenn er den Wolf kommen sieht; und der Wolf reißt und versprengt sie. Er flieht, weil er Tagelöhner ist und ihm an den Schafen nichts liegt. Ich bin der gute Hirt; ich kenne die Meinen, und die Meinen kennen mich, wie mich der Vater kennt und ich den Vater kenne; und ich gebe mein Leben für die Schafe. Meine Schafe hören auf meine Stimme; ich kenne sie, und sie folgen mir. Ich gebe ihnen ewiges Leben; sie werden niemals verlorengehen, und niemand wird sie aus meiner Hand reißen. Mein Vater, der sie mir gab, ist größer als alle, und niemand kann sie aus der Hand meines Vaters reißen. Ich und der Vater sind eins. Da hoben die Juden wieder Steine auf, um ihn zu steinigen.

Johannes 10, 11–15, 27–31

Wenn wir das Wort »Gehorsam« hören,
denken wir sofort an »Gebote halten«
und Gebote halten müssen.
Gewiß liegt dies auch im Wort »gehorchen«,
doch ist es das Periphere,
eine Äußerung des Gehorsams, nicht sein Wesen.
Um das Wesen des Gehorsams zu ergründen,
müssen wir ergründen, was da geschieht,
wenn ein Mensch die »Stimme« des andern hört,

wenn er die Stimme hören, er-hören kann.
Was ist geschehen,
wenn ein Mensch »hörsam«, »gehorsam«,
»gehörig« geworden ist?
Hören setzt Stimme voraus,
Hören ist das Kommen und Ankommen einer Stimme.
Was ist die Stimme?
So wie ein Mensch in Tränen »aus-bricht«,
kann er auch in Worte ausbrechen.
Stimme ist ein Transformator,
mit dem ich mich in Schall verwandle,
und das Ohr des andern müßte fähig sein,
mich aus meinem Schall herauszuhören.
Stimmfühlung ist Berührung, Kommunikation von Menschen.
Mit der Stimme kann ich mehr als nur Worte hervorbringen;
der Tonfall und das Schweigen sind oft mehr als Worte.
Auch das Schweigen kann man hören.
Wenn die Stimme nur vom einen Kopf zum andern dringt,
geschieht bestenfalls Information,
die gewiß auch auslöseartig wirkt,
aber das ist noch nicht entscheidend.
Wenn die Stimme von Herzen kommt und zu Herzen geht,
dann »stimmt« es,
dann wird »Stimmung«,
dann kann man sich »einstellen« auf den andern,
vom Sender wie auch vom Empfänger her betrachtet.

Das Wesen des Ungehorsams liegt entsprechend
auch nicht in der Übertretung von Geboten,
sondern im Nicht-hören-Wollen,
im bewußten Mißverstehen:
Wenn ich genau weiß und spüre, was der andere meint,
aber ich »nagle ihn fest«, »nehme ihn
beim Wort«
– im negativen Sinn,
ich »schlage ihn mit seinen eigenen Worten«,
um meinen »Un-Gehorsam« zu verbergen.
Man darf über Ungehorsam letztlich auch
nicht urteilen;
denn das Nicht-hören-Wollen ist vermischt
mit Nicht-hören-Können.
Zunächst bedarf es einer Stimme, die »Ohren öffnen« kann.
Ungehorsam, Nicht-Hören-Können/-Wollen ist
immer auch mit Schuld verbunden.
Der Prophet beschwert sich über das Volk,
das Ohren hat, aber in seiner Widerspenstigkeit
damit nicht hört.
Wir wissen, es gibt Schuld im Ungehorsam,
aber wir können sie nicht verrechnen.
Die Sendung des Propheten besteht eigentlich
nur darin,
taube Ohren hörend zu machen.
Gehorsam kann man nicht verlangen,
wenn man ihn nicht zuvor ermöglicht.
Johannes wählt das Bild vom Hirten,
um zu zeigen, was Gehorsam ist.
Ich muß den guten Hirten spüren,
dann kann ich hören, gehören und gehorchen.

»Befehlsgehorsam«, der mit Gewalt
erzwungen wird,
ist eigentlich das Gegenteil vom »kindlichen«
Gehorsam.
Der kindliche Gehorsam kommt aus »Trauen«,
Befehlsgehorsam nur aus Angst.
Gewiß sagt Jesus auch:
»Wer mich liebt, hält mein Gebot!«
Gebote halten ist immer Ausdruck des
Gehorsams.
Liebe kann man *erkennen* am Gebotehalten,
aber das Gebotehalten ist noch kein *Beweis*
für Liebe.
Das Prinzip »Dienst nach Vorschrift« verkehrt
Gehorsam in sein Gegenteil.
Leider ist dies auch im christlichen Verhalten
oft der Fall.
»Heute, wenn ihr seine Stimme hört,
verhärtet eure Herzen nicht« (Ps 94, 8).
»Heute« – das ist der Augenblick, in dem
ich eben lebe,
in den Menschen, die mich eben an-sprechen,
kommt seine Stimme an mein Ohr.
Wenn ich dafür sensibel bin,
kann es geschehen, daß ich »angesprochen«
bin
und die »An-Sprache« empfange, auf die ich
immer warte.
Auch umgekehrt fühle *ich* mich angesprochen,
wenn mich der andere versteht und mich
er-hört.
Das Ansprechen und Angesprochen-Sein,
bei dem mir »das Herz aufgeht«,

bei dem es mir »durch und durch geht«,
ist wieder ein Ereignis,
das ich nicht absichtlich herbeiführen kann.
Gerade deshalb kann ich aber sagen,
wenn ich innerlich »angesprochen« bin,
ist das nicht von Menschen gemacht.
In diesem Angesprochen-Sein spricht Gott,
er macht mich dadurch gehorsam.
Niemand kann Gott gehören und gehorchen
ohne dieses innere Angesprochen-Sein.
Stimme – seine Stimme;
»Stimme eines Rufenden in (meiner) Wüste!«

Tropfen, Tropfen

»Steter Tropfen ...«
schleift ab,
rundet ab, formt.
Ein Tropfen Wasser
»auf einen heißen Stein ...«
– verdampft!
Der überhitzte Stein
wird ein wenig
kühler.
Besser als gar nichts!

Ein Tropfen Wasser im Licht wird zum
herrlichen Farbenspektrum,
läßt den Grashalm glitzern,
löst harten Kristall,
fließt durch enge Ritzen,
bringt den Samen zum Keimen,
schmeckt wie das Meer.

Wer nicht naß werden will,
wer nicht riskiert,
daß es ihm »naß reingeht«,
kann DEM nicht begegnen,
DER »kommt wie Regen«.

Ein Tropfen Glück
ist alles.

Liebe, Liebe

Sie wollten sich lieben
und waren nicht imstand dazu;
jetzt glauben sie nicht mehr an Liebe
und sind verzweifelt.
Ich bin ihnen begegnet. –
Und ich habe gemeint,
daß ich an Liebe glaube,
– an Dich.
Laß sie nicht allein
und mich.

Ahab erzählte der Isebel alles, was Elija getan, auch daß er alle Propheten mit dem Schwert getötet habe. Sie schickte einen Boten zu Elija und ließ ihm sagen: Die Götter sollen mich strafen, wenn ich morgen um diese Zeit dein Leben nicht dem Leben eines jeden von ihnen gleich mache. Elija geriet in Angst, machte sich auf und ging weg, um sein Leben zu retten. Er kam nach Beerscheba in Juda und ließ dort seinen Diener zurück. Er selbst begab sich eine Tagereise weit in die Wüste hinein. Dort setzte er sich unter einen Ginsterstrauch und wünschte sich den Tod. Er sagte: Nun ist es genug, Herr. Nimm mein Leben, denn ich bin nicht besser als meine Väter. Dann legte er sich unter den Ginsterstrauch und schlief ein. Doch ein Engel rührte ihn an und sprach: Steh auf und iß! Als er um sich blickte, sah er neben seinem Kopf Brot, das in glühender Asche gebacken war, und einen Krug mit Wasser. Er aß und trank und legte sich wieder hin. Doch der Engel des Herrn kam zum zweiten Mal, rührte ihn an und sprach: Steh auf und iß! Sonst ist der Weg zu weit für dich. Da stand er auf, aß und trank und wanderte, durch diese Speise gestärkt, vierzig Tage und vierzig Nächte bis zum Gottesberg Horeb. Dort begab er sich in eine Höhle, um darin zu übernachten. Doch das Wort des Herrn erging an ihn: Was willst du hier, Elija? Er sprach: Mit leidenschaftlichem Eifer bin ich für den Herrn, den Gott der Heere, einge-

treten, weil die Israeliten deinen Bund verlassen, deine Altäre zerstört und deine Propheten mit dem Schwert getötet haben. Ich allein bin übriggeblieben, und nun trachten sie auch mir nach dem Leben. Der Herr antwortete: Komm heraus und stell dich auf den Berg vor den Herrn! Da zog der Herr vorüber: Ein starker, heftiger Sturm, der die Berge zerriß und die Felsen zerbrach, ging dem Herrn voraus. Doch der Herr war nicht im Sturm. Nach dem Sturm kam ein Erdbeben. Doch der Herr war nicht im Erdbeben. Nach dem Beben kam ein Feuer. Doch der Herr war nicht im Feuer. Nach dem Feuer kam ein sanftes leises Säuseln. Als Elija es hörte, hüllte er sein Gesicht in den Mantel, trat hinaus und stellte sich an den Eingang der Höhle. *1 Könige 19, 1–13*

Elija war rasend; rasend für seinen Gott.
In seiner Raserei hat er die Baalspriester getötet; noch im Bewußtsein, eine gute Sache zu tun.
Dabei tat er genau das, was die Sünde aller Baalsdiener ist:
aus eigner Berechnung, nicht aus Glauben und Vertrauen handeln.
Er wurde unversehens selbst zum Baalsdiener.
Die Beweglichkeit ist ihm verlorengegangen.

Es ist menschlich und verständlich, wenn wir das Böse und Falsche ausrotten im »heiligen« Zorn: – Und wenn sich dabei »manches nicht vermeiden läßt«!
Aber Gott will nicht die Vernichtung, sondern die Bekehrung des Falschen und Bösen.

Elija ist am Ende: festgefahren.
Er versteht Gott nicht mehr,
er hat doch alles getan für den Gott
der Heere,
und gerade jetzt läßt er ihn im Stich,
er soll das gleiche Schicksal erleiden, das er
den Baalspriestern bereitet hat. Angst.
Er kann keinen Menschen mehr in seiner
Nähe haben.

Wüste – innen und außen.
Nur die Wüste scheint seiner Verfassung
angemessen.
Was er braucht ist, daß Gott »vorbeikommt«.
»Auf einen Sprung vorbeikommen«, »schnell
vorbeischauen«,
»im rechten Augenblick kommen«,
»gerade noch recht gekommen«,
solche Momente sind bestimmend für unser
Leben.
Wie kommt man dazu, was kann man tun,
damit wieder jemand »vorbeikommt«,
damit wieder Begegnung möglich wird.

Elija wird erinnert an die Anfänge,
an den Gottesberg, an die Gotteserfahrung,
an die Begegnung,
von der sein Leben ausgegangen ist.
Dahin muß er wieder kommen.
In der Erinnerung an die Vergangenheit
wird ihm klar, wo die Zukunft liegt;
nicht als Rückkehr zum Alten und als
Wiederholung des Vergangenen,

sondern als neuer Gang zu den Ursprüngen.
In den alten Quellen fließt das Wasser immer frisch.
Er weiß, daß Gott vorbeikommt,
weil er schon einmal vorbeigekommen ist.
Er kann das neue Kommen Gottes nicht herbeiführen.
Er kann nur darauf hoffen, warten und dorthin gehn,
wo Gott schon einmal war.
In der Verzweiflung kann er noch mal aufstehn,
sich in Gang setzen;
zum Hingehn reicht es noch,
dazu genügt die Kraft des Alltags: Wüste, Wasser, Brot –
der Sonntag wird nur durch den Alltag möglich,
und durch den Sonntag wird der Alltag hell.
Er kommt zum Horeb und Gott kommt vorbei;
ohne Spektakel, im sanften Säuseln des Windes.
Nun ist alles wieder klar:
Im Rückblick ist auch die Wüste Führung.
Er hatte seinen Diener weggeschickt,
weil er allein bei seinem Ginsterstrauch verzweifeln wollte.
Da war er angerührt, aufgeweckt und gestärkt zum Weitergehen in der Wüste.
Es war Gott, der ihn berührte
durch seinen Boten,
Gott, der ihm begegnen wollte.

Mein ganzes Leben, mit allen seinen Wüsten, ist mein Weg.
Ich brauche keine Phase zu streichen –

ich brauche mich nicht zu schämen und muß nicht verzweifeln,
weil ER vorbeigekommen ist
und noch vorbeikommt.

Alle Zöllner und Sünder kamen zu ihm, um ihn zu hören. Die Pharisäer und Schriftgelehrten empörten sich darüber und sagten: Er läßt sich mit Sündern ein und ißt sogar mit ihnen.

Da erzählte er ihnen ein Gleichnis: Wenn einer von euch hundert Schafe hat und eins davon verliert, läßt er dann nicht die neunundneunzig in der Steppe zurück und geht dem verlorenen nach, bis er es findet? Und wenn er es gefunden hat, nimmt er es voll Freude auf die Schultern, und wenn er nach Hause kommt, ruft er seine Freunde und Nachbarn zusammen und sagt zu ihnen: Freut euch mit mir; ich habe mein Schaf wiedergefunden, das verloren war. Ich sage euch: Ebenso wird auch im Himmel mehr Freude herrschen über einen einzigen Sünder, der umkehrt, als über neunundneunzig Gerechte, die eine Umkehr nicht nötig haben.

Lukas 15, 1–7

»Sage mir, mit wem du umgehst, und ich sage dir, wer du bist!«
– »Wer du bist« – das kann zweierlei sein:
Ein Mensch, der nur mit seinesgleichen
verkehrt, im Sinn von
»gleich und gleich gesellt sich gern«,
oder ein Mensch, der durch seinen Umgang
verrät,
daß er sich auch auf andere einlassen kann,
ohne seine Identität zu verlieren.

»Hüte dich vor den bösen Menschen!«
»Der faule Apfel muß weg,
sonst werden auch die andern schlecht!«
Die weiße Weste, die durch den Sünder neben
mir beschmutzt wird.
»Was sagen denn die Leute,
wenn ich mich mit dir sehen lasse?«
»Dieser Mensch – oft sind es ›Angehörige‹ –
soll mir ja nicht mehr unter die Augen
kommen!«
»Dazu bin ich mir ja nun wirklich zu gut!«
So sind wir geneigt, auf Menschen, die wir
für Sünder halten, zu reagieren.
Und er *ißt* mit ihnen.
Die Menschen damals und heute
wollen den Sünder fühlen lassen,
wie schlecht er ist,
daß er nichts Freundliches zu erwarten hat,
gewiß auch in der Absicht,
daß er zu Kreuze kriecht und
um Gnade bettelt,
bis ihn dann die »Guten« wieder leben lassen.
So sind die »Bösen« für die »Guten« nützlich,
weil sie es ihnen möglich machen,
die eigne Gutheit reichlich zu genießen.
Mit Sündern essen, wer kann sich das erlauben!
Hier wird deutlich, wie Gott den Sünder
aus der Schuld befreit:
er ißt mit ihm,
läßt sich einladen und nimmt an.
Essen, Trinken heißt Gemeinschaft haben,
als Ausdruck
tiefster sinnenhafter Menschlichkeit.

Da geschieht es:
der Sünder weiß sich angenommen,
nicht theoretisch, sondern praktisch!
Und jetzt kann er sich selber erst so nehmen,
wie er ist:
als Sünder.
Weil Er das Ja zu ihm gesagt hat,
kann er das Ja zu seiner Sünde sagen,
das echte Mea culpa.
Jeder Mensch hat Angst vor Schuld,
weil der Schuldige »nicht sein darf«.
Nun ist aber keiner von uns ohne Schuld!
Was tun? – Die Schuld verdrängen.
Wir tun so, als ob wir keine hätten
und fühlen uns im allgemeinen dabei wohl.
Wir rechnen andern ihre Sünden vor
und »danken Gott, daß wir nicht sind wie
diese da«!
Oder wir schauen nach in einem Sündenkatalog,
der unsere eigentlichen Sünden nicht enthält.
Die Angst, schuldig zu werden, treibt den
Menschen in die Schuld;
er kann nichts eingestehen, wird unausstehlich!
Mit Menschen leben müssen,
die es nicht ertragen können, daß sie Fehler
haben,
ist schrecklich!
Wie soll einer seine Fehler eingestehen und
ertragen,
wenn *ihn* niemand erträgt?
Er ißt mit ihnen.
Das ist es, was der Sünder braucht.
In der Gemeinschaft, in der Du-Begegnung geht

mir erst auf,
was Sünde ist.
Ich kann mich öffnen,
wenn ich *erlebe,* daß ich angenommen bin
in meiner Schuld:
Ich kann er-kennen und be-kennen und bin
er-hört.
Wenn ich geliebt bin,
kann ich auch harte Wahrheiten annehmen
und verwirklichen.
Wenn »niemand mit mir ißt«
und ich gezwungen bin zur Selbstanklage,
dann geht das nicht;
ich kann mich nicht eröffnen
und alles bleibt beim alten,
oder wird noch schlimmer:
Ich lerne, meine Schuld noch mehr zu
verdrängen.
Das ist auch der Sinn von Sühne und von
Strafe:
Etwas tun, bei dem ich lerne, meine Schuld
zu tragen.
Die harte Strafe, ohne Wissen um die Liebe,
schafft das nicht;
sie belastet den Schuldigen noch ärger.
Schuld vergeben heißt nicht:
so tun, als ob nichts wäre.
Schuld vergeben heißt:
einem so viel Liebe schenken,
daß er seine Schuld annehmen und er-tragen
kann.
Nur im Schuld-Tragen werde ich frei, nicht
im Verdrängen.

Das Schuld-Tragen macht mich reif,
es verändert mich und heilt mein gnadenloses Wesen.
Nun kann auch ich »mit Sündern essen«!
Wir »Juristen« wollen immer wissen,
wann uns genau die Schuld vergeben ist,
damit wir »aus dem Schneider sind«
und uns niemand mehr belangen kann!
Wenn wir die Bibel fragen, ist die Antwort klar.
Schuldvergebung ist juristisch nicht erfaßbar.
Vergebung ist ein Vorgang,
der uns in letzter Tiefe trifft und ändert.
Wenn wir barmherziger geworden sind,
dann ist Schuld ver-geben.
Aus meiner Schuld wird Gnade,
die ich weiterschenken darf.
Die Bibel zeigt an vielen Stellen,
daß Vergebung und Vergeben eins sind.
»Vergib uns unsre Schuld . . .«
Durch Jesus können wir erleben,
daß Gott uns dies ermöglicht:
Er ißt mit Sündern.
Bei Gott dürfen wir auch schuldig *sein*.
Was ist das für ein Gott,
den wir in unsrer Schuld erst richtig kennenlernen,
der uns in unsrer Schuld ein »Nächster« wird!
Auch hier gibt's viele, die sich ärgern.
Worte können hier nicht viel erklären,
darum das Gleichnis vom verlorenen Schaf,
bei dem uns aufgehen kann, worum es geht.

»Bekehrt euch und wendet euch von allen euren Untaten ab, damit sie euch nicht Anlaß zur Sünde werden. Werft von euch all eure Untaten, die ihr gegen mich begangen habt, schafft euch ein neues Herz und einen neuen Geist! Warum wollt ihr denn sterben, Haus Israel? Denn ich habe kein Wohlgefallen am Tod dessen, der dem Tod verfallen ist – Spruch des Herren. Kehrt also um, damit ihr lebet!« Ezechiel 18, 30–32

Bekehrung ist nicht die Leistung des Menschen, sondern die Tat Gottes am Menschen, der sich von ihm abgewendet hat und immer wieder abwendet. Die Bekehrung ist freilich verknüpft mit Loslassen und Verzichten. Dieses Loslassen kann für uns sehr schmerzlich sein; wir sträuben uns oft heftig dagegen, weil wir meinen, etwas zu verlieren, auf das wir ein Anrecht haben. (Denken wir nur, wie schwer es uns fällt, Mißerfolge hinzunehmen, die Andersartigkeit der anderen, usw.) Erst wenn wir losgelassen *haben*, erleben wir, daß wir eigentlich nichts verloren haben, sondern freier geworden sind. Um »Bekehrung« in ihrer ganzen Tiefe zu verstehen und an uns geschehen zu lassen, wollen wir zunächst versuchen, zu erkennen, wo und wie wir »drinhängen« oder »festgefahren« sind.

Mit einigen Worten können wir unsere Not ausdrücken, »zur Sprache bringen«:

Wir leben in der Über-Forderung. Wir erleben dauernd, daß wir da nicht hin-kommen, wohin wir möchten und sollten. Trotz Leistung und Einsatz aller Kräfte kommen wir nicht an. Wir haben häufig das Gefühl, nicht mehr nach-zukommen, obwohl wir dauernd rennen und hasten. Wir sind nicht erfüllt, obwohl jede Minute ausgefüllt ist. Weil alles so schnell geht, weil wir so »rasend« sind, holen wir uns selbst nicht mehr ein. Wir rennen und verrennen uns, wir suchen und versuchen und verlieren dabei viel – alles – uns.

Die Über-Forderung ist unsere Not. – »Ja aber ...«, »muß man denn nicht ...«, »man kann und darf doch nicht ...«, so protestieren wir und haben viele gute Gründe anzuführen. Wir lieben und verteidigen die Überforderung (»Konsumzwänge«!). Wir lieben das, was uns umbringt.

In diesem Zusammenhang sollten wir auch das Fasten (Verzicht, Ent-Haltung) neu verstehen. Der Sinn des Fastens ist einfach: wieder (immer wieder neu) lernen, was man alles *nicht* braucht und *nicht* haben muß; mit wie wenig man leben kann. Freilich, das Fasten und die Enthaltung als solche befreien uns noch nicht von der Überforderung, vom Konsumzwang. Es sind notwendige Begleitübungen, unser Beitrag sozusagen, damit uns Gott leichter bekehren kann.

ER ist es, der uns ruft, der sich uns *zukehrt* (»sein Angesicht leuchten läßt«) und uns *be-*

kehrt. Es ist immer der sich zukehrende Gott, »der spricht: Bekehret euch«. Der Mensch soll sich wenden, zuwenden, von sich abwenden, so wie man aufhorcht, aufhört und alles stehenläßt im Anruf der wahren Liebe.

Wir müssen auch zugeben, daß für uns bisweilen der Anspruch Gottes in Form eines Gebotekataloges bequemer ist als ein Anruf, der uns bekehren will: Es ist nämlich bequemer, nur einzelne Gebote und Pflichten zu erfüllen, als sich ganz auf Gott, auf die Liebe einzustellen. Es ist bequemer, *etwas* zu ändern, als sich zu ändern.

Das Eigentliche des Bekehrungsrufes Gottes liegt nicht im »Befehl«, sondern in der geschilderten Situation: Ich renne meinen Forderungen und Zielen nach — bin schon fast aufgerieben von meinem Treiben, und da sagt jemand: »Halt«, »komm«, »da schau her«, »so geht's doch nicht — du rennst ja in den Tod«, »kenn dich wieder«. In diesem Angeredet-Werden von einem, der es gut mit uns meint, liegt die Kraft, die uns ergreift, bewegt, herausreißt.

Von unseren »Untaten« sollen wir uns abwenden, loslassen. »Untat« wird hier nicht selbst als Sünde, sondern als möglicher Anlaß zur Sünde bezeichnet. Was ist Untat? »Nicht-Tat«, das meint unser ganzes Getriebe, bei dem das Eigentliche, das Entscheidende nicht passiert, nämlich daß ein Mensch lebt (d. h. glücklich ist). »Untat« ist alles eigensinnige Tun, bei dem ein Mensch nur von sich ausgeht und sich im Auge hat – und sich dabei selbst verliert. Un-Taten in diesem Sinne können oft recht gut aussehen, z. B. Geschenke, Fürsorgeleistungen, wenn sie aus Berechnung und nicht aus Liebe geschehen. Alles, was wir herzlos, ohne Liebe oder in Selbstsucht tun, ist Un-Tat und richtet sich im Prinzip gegen Gott, auch wenn wir uns dessen nicht bewußt sind.

Aber: Das ist doch unrealistisch! Wir müssen doch in unserer Zeit ganz einfach so viel tun und leisten, ob wir wollen oder nicht, ob mit Herz oder ohne Herz! Gewiß! Aber wir sollten unser Getriebensein nicht so ernst nehmen. Es sind Un-Taten, d. h. gar nicht die eigentlichen Taten unseres Lebens, auch wenn sie die meiste Zeit und die meiste Kraft beanspruchen! Sich von Untaten abwenden kann auch heißen: Dinge weiter betreiben müssen, aber sein Herz nicht mehr daran verlieren.

»Schafft euch ein neues Herz, einen neuen Geist.« Hier ist es ausgesprochen. Nicht als ob wir es selber machen könnten, aber wir können es geschehen lassen, daß Sein Geist uns erfüllt. Daß wir uns rühren lassen und ein neues Herz, ein neues Zentrum unseres Handelns bekommen.

Wo, wann, wie geschieht das? Genau da, wo wir leben. Bei den Menschen und durch die Menschen, mit denen wir leben. In der Situation, in der wir stehen, wo wir uns vielleicht festgebissen haben in Konflikten, Erfolglosigkeiten, Habgier. Wir brauchen — dürfen nicht fliehen. Es gilt für uns, sich ansprechen, »dreinreden«, sich neu und anders ergreifen zu lassen.

»Warum wollt ihr denn sterben?« — Wenn wir uns nicht dreinreden lassen, nur auf uns und unsere Argumente bauen, wird alles sinnlos. Gott droht nicht mit dem Tod. Er kann uns nur nicht verstehen: Wenn wir doch ständig erleben, wie unglücklich wir durch unsere Un-Taten (durch unseren Egoismus) werden, daß wir uns da nicht be-kehren lassen!

Und was geschieht, wenn sich ein Mensch bekehren läßt? Er kann loslassen, wieder lachen. Er fühlt sich neu verstanden, erfüllt, frei. Er kann wieder geben, schenken, leben. Er »überwindet die Welt«. Er wird frei-gesetzt, kann wieder »aus sich herausgehen«. Äußerlich bleibt vielleicht alles beim alten, aber es ist nicht mehr das Alte.

Paulus deutet das in 1 Kor 7, 29—32: »Die Zeit ist kurz, die, die eine Frau haben, sollten so leben, als hätten sie keine, die da weinen, als weinten sie nicht, die etwas erwerben, als besäßen sie nicht, die mit der Welt zu tun haben, als hätten sie nichts mit ihr zu tun. Ich möchte, daß ihr ohne Sorge seid.« — Hier geht es nicht um bestimmte religiöse Leistungen oder gar um Weltflucht, sondern ganz einfach um andere

Maßstäbe, um Freiheit, Freiheit von den Konsumzwängen und Überforderungen.

Bekehrung ist Zuwendung,
Zuwendung zu den Menschen,
zum Leben, zu Gott.

III. EIN LEIB SEIN

Eintracht

Es gibt das Einssein von Menschen,
von zweien, von Gruppen, von Mengen,
wenn auch nur unvollkommen
und nur in Augenblicken,
so doch echt.
Aus der Erfahrung solcher Augenblicke
sprechen Menschen:
Gott eint,
sein Geist ist unsere Einheit,
sein Geist macht uns
zum Wir,
und sie – bleiben beisammen
in Eintracht.
Einträchtig sein heißt
aus den Augenblicken des Einsseins
leben.
Einssein entsteht in Situation:
wenn Menschen spüren
beim Feiern, Spielen,
in der Freude, in der Not:
wir sind im selben Schiff.
Die Situation gibt jedem seinen Platz,
entsprechend der Begabung.
Der Geist gibt ihm die Kraft,
diesen Platz einzunehmen
und auszufüllen.
Weil der eine Herr,
der eine Geist,
uns zur Rolle und zum Amt befähigt,
sind wir alle »Brüder«.

Wir können und wir dürfen
uns selbst
nicht von unserer Rolle her verstehen,
sondern vom Geist;
andernfalls zerbrechen wir die Einheit.
Es ist nicht mehr wichtig,
welche Rolle einer hat,
sondern *daß* er sie hat.
Das Gleichseinkönnen in Verschiedenheit
bewirkt der Geist.
»Einer nur ist euer Meister,
ihr alle aber seid Brüder« (Mt 23, 8).

Mann und Frau

Viele zerbrechen sich den Kopf
über das, was ist
zwischen Mann und Frau,
und versuchen es
in den Griff zu bekommen,
und gerade dabei
geht es verloren.
Viele gehen damit um
wie mit einer Ware,
die man handelt.
Angebot und Nachfrage –
geregelt und vermarktet
durch vielerlei Institution.

Paulus nennt es ein Geheimnis
im Hinblick auf Christus und seine Kirche.
Christus und seine Kirche
sind ganz *eins*,
auch wenn unser Egoismus,
der Geist der Zwietracht,
noch gewaltig mitexistieren.
Ganz eins,
so wie Jesus und der Vater eins sind.
»... daß alle eins seien.«
Einswerden –
das ist das Geheimnis
zwischen Mann und Frau.

Menschen werden eins:
Da geschieht etwas,

was sie nicht selber tun
und machen können.
Alles Äußere ist nur der Rahmen
für *mehr*.
Berührt sein, ergriffen sein,
An-Sehen und Er-Hörung finden,
des andern Anliegen werden,
ineinanderfließen:
ein Leib sein.
Ein Leib *sein* –
da ist das Stoffliche,
das Leib-Haben,
aufgehoben.

Der Geeinte
ist nicht mehr böse.
Im Einssein
ist auch der Tod durchbrochen,
weil das Unsterbliche des Einsseins
miterlebt wird;
der Tod
hat keinen Stachel mehr.
Im Einssein der Zwei
wird der Eine erlebt,
der eint –
sinnenhaft, unsäglich nah.
Ein Sakrament für den,
der nicht nur oberflächlich lebt.

Vom Glauben her
wird zwischen Menschen
Einssein möglich;
und umgekehrt:

Vom Einssein her
wird erst der Glaube möglich.
Wir brauchen beide Sätze,
um das eine,
Unsagbare
zu beschreiben.

Die Zeit
und unsre Unvollkommenheit
lassen nur in Augenblicken innewerden,
was Einssein ist.
Und nur im Trauen,
im Riskieren
wird der Augenblick
die Quelle unseres Lebens.

Die Institution
kann den Augenblick und das Trauen
nicht schaffen
und nicht erzwingen;
der Augenblick ist Gnade.
Die Institution
kann – und muß nur
dort Grenzen setzen,
wo unsere Grenzen sind:
Habgier, Lauheit, Ausbeutung,
die Flucht vor der Verantwortung.

Mann und Frau
sind nicht das einzige,
an dem Einswerden erlebt wird.
Mutter und Kind –
überall, wo Menschen beisammen sind,

»zwei oder drei«,
kann es erlebt werden
in je verschiedener Weise
und in echter Tiefe.

»Wer es fassen kann,
der fasse es!« –
Dieses Wort gilt überall,
wo Gott den Menschen eint,
– auch in der Ehe!

Wo dies nicht »erfaßt« wird,
bleibt der Mensch
einsam, »ungeeint«, unzufrieden,
auch wenn er sich entschlossen hat,
zu zweit zu leben.
Die äußere Nähe
wird zur grausamen Ver-Haftung;
kein Dürfen – nur ein Müssen
nach Vertrag.

Aber auch das Scheitern einer Ehe
oder der Liebe ohne Echo
kann zur Rettung werden,
wenn die Betroffenen jetzt,
in der Ent-Täuschung erleben,
daß Liebe, Einssein – alles
Gnade ist,
die wir nur dienend suchen,
aber nicht machen können.

Einssein

Aber ich bitte nicht nur für sie, sondern auch für alle, die durch ihr Wort an mich glauben. Alle sollen eins sein; wie du, Vater, in mir bist und ich in dir bin, sollen auch sie in uns sein, damit die Welt glaubt, daß du mich gesandt hast. Die Herrlichkeit, die du mir gegeben hast, habe ich ihnen gegeben, damit sie eins sind, wie wir eins sind, ich in ihnen und du in mir. So sollen sie vollkommen eins sein, damit die Welt erkennt, daß du mich gesandt hast und die Meinen ebenso geliebt hast wie mich. Vater, ich will, daß alle, die du mir gegeben hast, dort bei mir sind, wo ich bin; sie sollen meine Herrlichkeit schauen, die du mir gegeben hast, weil du mich geliebt hast vor Beginn der Welt. Gütiger Vater, die Welt hat dich nicht erkannt, aber ich habe dich erkannt, und sie haben erkannt, daß du mich gesandt hast. Ich habe ihnen deinen Namen kundgetan und werde ihn kundtun, damit die Liebe, mit der du mich geliebt hast, in ihnen ist und damit ich in ihnen bin. *Johannes 17, 20–26*

Daß alle eins seien. –
Einssein – dies ist wohl das Ziel und der Sinn unseres Daseins,
dies ist wohl auch der Inhalt unserer Erlösung.
Befreit sein von der »Vereinzelung«.
Einerseits ist uns der Gedanke fremd,
weil wir nur als Einzelwesen denken können
und von daher das Einssein

als Verlust des Selbstseins zu befürchten ist.
Die Angst um unser Ich und um das bißchen Freiheit
verhindert den Gedanken und den Wunsch nach vollem Einssein.
Andererseits erleben wir das Glück in den Momenten,
in denen wir ganz eins sind mit *dem* anderen und *den* anderen,
wenn wir aufgehoben sind im Du.
Dieses Aufgehobensein im andern erleben wir nicht als Verlust,
sondern als Erfüllung.
Das Wörtchen »aufgehoben« hat's in sich;
Ich bin ganz ich, wenn ich nicht mehr ich bin.
So deutet es Paulus an: Ich lebe, doch
nicht ich – Christus.
Der »geeinte« Mensch ist zugleich eins mit sich und mit den anderen.
Die Menschen können sich nicht selber einen,
sie brauchen jemand, der sie eint,
den großen »Einer«.
In den Augenblicken, in denen Menschen wirklich eins sind,
erleben sie, daß Einssein ein Geschenk ist,
das man nur empfangen kann.
Wo Menschen eins sind,
können sie von Christus sprechen, genauso wie Paulus!
Nun liegt es einmal in uns Menschen,
daß wir uns nicht viel schenken lassen wollen –
sich auf Geschenke zu verlassen
ist vielen ein zu großes Risiko.

Doch scheitern die Versuche, wenn die
Menschen selbst sich einen wollen:
in der Ehe, in Gesellschaft und in der Kirche.
Wenn Menschen sich nicht einen »lassen«,
von »oben«,
sondern das Einen in die eignen Hände nehmen,
dann entsteht das Gegenteil:
Entzweiung, Unterdrückung, Terror, Angst.
Keiner fühlt sich aufgehoben
und jeder ist frustriert und isoliert.
Vom Negativen her kann man das Einssein
auch als Ziel erkennen:
Der isolierte Mensch ist der, der nicht mehr
leben kann:
Keiner kennt, er-kennt mich,
ich hab' kein An-sehen, keine An-er-kennung,
ich bin »niemand«, weil ich niemandem
etwas bin – sein darf.
Ich weiß nicht, wo ich bin, weil ich nirgends
hingehöre.
Das Nirgends-Hingehören ist das krasse
Gegenteil zum Unterwegssein.
»Menschen unterwegs« sind überall daheim,
die andern nirgends,
auch wenn sie viele Häuser hätten.
Die Theorien von kollektiven Lebensformen
haben recht, wenn sie betonen,
daß die individualistisch-egoistischen Prinzipien
nicht zur Verwirklichung des Menschen dienen.
Die kollektiven Praktiken hingegen
verhindern das, was sie bewirken wollen,
weil sie nicht beachten,
daß der Mensch nicht Ursprung

seiner Einheit ist,
kurz, daß ohne Gott der Mensch nie eins wird.
Man kann wohl mit Berechtigung behaupten,
daß auch die Bibel davon ausgeht,
daß im Prinzip der Mensch nur einer ist;
die Zielvorstellung zeigt dies zweifellos:
Einssein in Gott, Einssein in Christus.
Die Wurzel unseres Menschseins ist wohl auch nicht Vielheit.

Der Herr hat mich geschaffen als Anfang
seiner Wege,
vor seinen Werken in der Urzeit;
vor aller Zeit wurde ich gebildet,
am Anbeginn, vor dem Anfang der Erde.
Als die Urmeere noch nicht waren,
wurde ich geboren,
als es die Quellen noch nicht gab,
die wasserreichen.
Ehe die Berge eingesenkt wurden,
vor den Hügeln wurde ich geboren.
Noch hatte er die Erde nicht gemacht und die Fluren
und alle Schollen des Festlands.
Als er den Himmel baute, war ich dabei,
als er den Erdkreis abmaß über den Wassern,
als er droben die Wolken befestigte,
und Quellen strömen ließ aus dem Urmeer,
als er dem Meer seine Grenze setzte,
damit die Wasser nicht seinen Rand überschritten,
als er die Grundfesten der Erde legte,
da war ich als seine Vertraute bei ihm.

Ich war seine Freude Tag um Tag
und spielte vor ihm allezeit.
Ich spielte auf seinem Erdenrund
und hatte meine Freude an den Menschen.

Sprüche 8, 22–31

Die personifizierte Weisheit, die hier spricht,
kann man verstehen als *den* einen Menschen,
die Wurzel unserer Vielheit.
Der »eine« Mensch »hat seine Freude an den Menschen«,
so wie der Stamm sich über seine Äste freut.
Man könnte auch ein Seil als Bild verwenden:
Am Anfang ist es eins, dann »zwirbelt«
es sich auf in lauter Einzelfasern,
die sich am Ende wieder alle zu einem Seil vereinen.
Das Ende ist jedoch nicht gleich dem Anfang,
denn es ist unendlich »angereichert« mit den Erfahrungen des Lebens,
die wir in den Phasen unseres Einzeldaseins machten.
(Die alte Philosophie
deutet das individuelle Dasein in der Vielheit
als Verlust – als Verlust der Einheit,
aus der und auf die hin alle Wesen sind.)
Die Offenbarung legt das Hauptgewicht nur darauf,
worauf es *letztlich* ankommt:
Einswerden und Einssein.
Christus, *der* Mensch, der Eine, Einende, Geeinte (mit dem Vater),
ist unser Weg, unser Einheitsferment,

das zeitlos überall wirkt und wirkte,
wo Menschen eins geworden sind.
Man kann die biblische Erzählung von der Schöpfung
auch so verstehen, daß mit Adam
der »Ur«-Mensch beginnt, sich in Vielheit aufzufächern.
Mit der Vielheit beginnt die »Sonderung«, die Trennung und die »Sünde«.
Im »Abgesondert-Sein«, im Individuell-Sein
ist die Versuchung eingeschlossen,
daß das Geschöpf auf sein individuelles Recht, auf Sein pocht
und sich selber »machen« möchte gemäß Vernunft und Trieb.
Damit verläßt es seine Wurzel und zugleich seine Bestimmung.
Das ist die Sünde,
genaugenommen ist dies ganz »normal«.
Eine Heilsgeschichte ohne Sünde ist nicht denkbar.
– »O glückselige Schuld!« –
Wenn man schließlich fragt: Warum dies alles?, kann man wenig dazu sagen.
Es gibt Fragen, die nur die Begrenztheit des Fragenden offenbaren,
zum Beispiel: Warum das Wasser naß ist!
In unserem Fall kann man vielleicht noch einsehen:
Ein Geschöpf wird sich nur dessen bewußt, was es *erlebt* hat.
Das Erleben führt zum Denken.
Und nur das Erlebte

kann durch Denken verstanden und begriffen werden.
Was Gesundsein ist, zum Beispiel, weiß im Grunde nur der,
der einmal krank war und gesund *geworden ist.*
Was Einssein ist, weiß auch nur der,
der »einzeln« ist und dann »geeint wird«.
Was »Gnade« ist, weiß auch nur der,
der »sündig« war.
So wird auch Gott erlebt im Alten Testament:
Abraham, der Eine, soll »viel« werden
wie der Sand am Meer,
damit Gott dann »die Vielen« einen kann zu seinem Volk.
Letztlich ist nur mehr die Zugehörigkeit
zu diesem Volk entscheidend.
Und als das Volk »sündig wird«,
wie es nicht mehr aus Jahwe, seiner »Ein-heit«, lebt,
sondern eigene Gedanken zum Prinzip des Lebens macht,
muß es in die »Zerstreuung«, um neue Einheit zu erleben.
In unserer Geschichte
ist die letzte Phase dieser »Einung«
in Jesus Christus angebrochen.
In ihm, durch ihn und mit ihm
werden alle, d. h. »die vielen« einzelnen eins:
»Es gibt nicht mehr Juden und Griechen,
nicht Sklaven und Freie,
nicht Mann und Frau;
denn ihr seid alle ›einer‹
in Christus Jesus« (Gal 3, 28).

Der Sinn der Weltgeschichte wird in der Glaubensgeschichte offenbar, und die Glaubensgeschichte offenbart die Weltgeschichte als die Geschichte der Einung.

In diesem Gedankenkreis treten Leid und
Körpertod
nicht mehr als Problem auf,
weil das Leid nur das Noch-nicht-geeint-Sein ist
und weil der Körpertod nur insofern
schrecklich ist,
als wir noch »im Fleische« sind
und immer noch das Glück
an unser individuelles Sein knüpfen –
obwohl wir dauernd erleben,
daß wir nur in den Momenten glücklich sind,
in denen wir im Einssein aufgehoben werden.
Gott sei Dank gibt es bei uns Menschen –
Paulus nennt sie »Heilige«, das heißt
»Geeinte« –,
die uns erleben lassen,
daß man im Glauben, in der Liebe alle Not
und auch den Tod
verwinden und vergessen kann.
»Stärker als der Tod ist die Liebe.«

Denn wie der Leib eine Einheit ist, doch viele Glieder hat, alle Glieder des Leibes aber, obgleich es viele sind, einen einzigen Leib bilden: so ist es auch mit Christus. In dem einen Geist wurden wir durch die Taufe alle zu einem einzigen Leib, Juden und Griechen, Sklaven und Freie; und wir wurden alle mit dem einen Geist getränkt. So besteht auch der Leib nicht nur aus e i n e m Glied, sondern aus vielen. Wenn der Fuß sagt: Ich bin nicht Hand, ich gehöre nicht zum Leib, so gehört er doch zum Leib. Und wenn das Ohr sagt: Ich bin nicht Auge, ich gehöre nicht zum Leib, so gehört es doch zum Leib. Wenn der ganze Leib nur Auge wäre, wo bliebe dann das Gehör? Wenn er nur Gehör wäre, wo bliebe dann der Geruch? Nun aber hat Gott jedes einzelne Glied so in den Leib eingefügt, wie es seinem Plan entsprach. Wären alle zusammen nur e i n Glied, wo bliebe dann der Leib? So aber gibt es viele Glieder und doch nur e i n e n Leib. Das Auge kann nicht zur Hand sagen: Ich bin nicht auf dich angewiesen. Der Kopf kann nicht zu den Füßen sagen: Ich brauche euch nicht. Im Gegenteil, gerade die schwächer scheinenden Glieder des Leibes sind unentbehrlich. Denen, die wir für weniger edel ansehen, erweisen wir um so mehr Ehre, und unseren weniger anständigen Gliedern begegnen wir mit mehr Anstand, während die anständigen das nicht nötig haben. Gott aber hat den Leib so zusammen-

gefügt, daß er dem geringeren Glied mehr Ehre zukommen ließ, damit im Leib kein Zwiespalt entsteht, sondern alle Glieder einträchtig füreinander sorgen. Wenn darum ein Glied leidet, leiden alle Glieder mit; wenn ein Glied geehrt wird, freuen sich alle anderen mit ihm. Ihr aber seid der Leib Christi, und jeder einzelne ist ein Glied an ihm. *1 Korinther 12, 12–27*

Paulus meditiert über den Leib,
um uns »Einheit« und »Eins-Sein« zu demonstrieren.
Wir dürfen uns nicht scheuen, was Paulus tut, selber nachzuvollziehen.
Das, was Einheit ist, gewinnen wir nicht durch abstraktes Denken,
sondern nur durch Leib-Erleben.
Was sind Körperteile, nur für sich betrachtet —
ein amputierter Fuß, verlorene Organe,
Haut und Knochen, Blut und Haare?
— Nur Materie.
Was ist ein Körper, in dem kein Leben ist?
Was ist ein Körper, der nur funktioniert
und nicht als Einheit betrachtet und erlebt wird?
Leib ist mehr als »Stoff«,
Leib ist mehr als nur die Summe vieler Teile,
Leib ist Ein-heit.
Einheit nicht nur von Stoffen und Funktionen.
Er ist eine Einheit, die »mehr« ist.
Der Leib hebt das Partielle der Körperteile auf,
ohne die Teile zu zerstören.
Im Gegenteil: Der Leib macht sie erst zu dem, was sie sind.

Ein Mensch, der sich nicht einen läßt,
ist wie eine Hand, die sagt: Ich bin mehr wert
als der Fuß.
Im Leib sind alle »schwachen Stellen«
genauso wichtig wie die starken.
»Verbunden werden auch die schwachen
mächtig!«
Im Leib gibt's keine »Minderwertigkeits-
komplexe«
und kein Verlorensein.
Im Leib hat alles teil am einen Leben.
Und die Teile – wir Individuen –,
wir sollen uns nicht aus uns selbst verstehen
und begreifen wollen –
von daher gesehen ist alles sinnlos,
ist alles tot.
Wir sollen uns verstehen als »Organe«, nicht als
Teile,
das heißt: Das, was wir sind,
sind wir durch unsre Einheit.
So macht Paulus deutlich,
daß Christus für jeden Leben ist
und daß niemand deprimiert sein und
verzweifeln muß.
An dieser Stelle wird der Leser protestieren und
sagen: Das ist doch Theorie!
Viele sind ja deshalb verzweifelt,
weil sie keinen oder keine Menschen haben,
durch die sie das erleben könnten.
Zugegeben: Hier ist auch die Grenze dieses
Buches.
Ein Buch bleibt irgendwie immer nur Papier
und wird niemals »Fleisch und Bein«.

Ein Buch mit seinen Worten und mit seinen Bildern
kann nur darauf vertrauen,
daß in der Phantasie und in der »Erlebnisschicht« des Menschen
jene Erfahrungswerte abgerufen werden,
die jeder selbst in seinem Leben hat
und dort gewinnen kann, wo er gerade lebt.
Auf etwas muß jedoch noch hingewiesen werden:
Die Sperre des Erlebens ist die Mauer,
die jeder egoistisch um sich baut,
mehr oder weniger und meistens unterbewußt.
Wir wollen Hand oder Fuß sein
und nicht Leib!
Damit diese Mauern fallen,
bedarf es der unmittelbaren sinnlichen Begegnung
mit Steinen, Blumen, Tieren, Menschen –
mit der sinnenhaften Welt.
Die Begegnung geschieht im Feiern und im Spielen – nicht im Grübeln und »Be-denken«.
Mir scheint,
daß hierfür auch noch wichtig ist,
ob jemand eine Mutter hatte,
die ganz eins war mit ihrem Kind.
Wir sollen uns jedoch den Weg nicht selbst verstellen, indem wir sagen:
Nur wer eine Mutter, einen Partner hat,
kann die Einswerdung erleben;
die ganze Welt ist offen für dieses Erlebnis.
Die Tatsache, daß es das Einssein gibt bei anderen,

vor allem bei den Jüngern Jesu,
kann Anstoß sein, daß ich mich selber
»überwinde«,
und »aufbreche«, so wie Abraham.
Von daher müßte ich auch meine
»Schicksalsschläge« deuten:
Ich muß »aufgebrochen« werden, damit ich
aufbrechen, unterwegs sein kann.
Zuletzt sei noch darauf hingewiesen,
daß sich der Zugang zu den Sakramenten
von den sinnenhaften Dingen her erschließt:
Wasser ist hautnah, tragend, lösend,
reinigend . . .
Brot und Wein, Öl und Salbe –
Feuer, Licht und Wolke –
Singen, Sprechen und noch vieles mehr –
all das bezeichnet jenen Ort,
wo das Einssein (in Christus) möglich wird.
»Möglich!« darf nicht verstanden werden
in dem Sinn, daß *wir* dieses Einssein
mit den Sakramenten erzwingen könnten.
Sakramente wirken aus sich selbst – so wie alle
Zeichen –,
aber nicht wie Chemikalien.
Spielen und Feiern –
darauf kommt es an!

Am Abend des ersten Tages der Woche, als die Jünger aus Furcht vor den Juden hinter verschlossenen Türen versammelt waren, kam Jesus, trat in ihre Mitte und sprach zu ihnen: »Friede sei mit euch!« Nach diesem Gruß zeigte er ihnen seine Hände und seine Seite. Als die Jünger den Herrn sahen, freuten sie sich. Jesus sprach noch einmal zu ihnen: »Friede sei mit euch!« Nach diesen Worten hauchte er sie an und sprach zu ihnen: »Empfanget den Heiligen Geist. Allen, denen ihr die Sünden erlaßt, sind sie erlassen, allen, denen ihr sie nicht erlaßt, sind sie nicht erlassen.« *Johannes 20, 19–23*

Zur Information:

Der Verfasser des Johannesevangeliums sieht Auferstehung und Geistsendung als *ein* Ereignis. Der Evangelist will nicht äußere Abläufe protokollieren, sondern die Erfahrung der Jünger und der Jesusgemeinde weitergeben.

Wir müssen die anderen und uns selber immer wieder so sehen und so nehmen, wie sie – wie wir – sind: gut und böse zugleich, liebend und egoistisch zugleich. Auch wenn uns immer mehr aufgeht, was Liebe ist, auch wenn wir immer mehr das Böse durch das Gute überwinden dürfen, bleiben wir Menschen, die immer und immer wieder der »Umkehr bedürfen«. Je mehr ein

Mensch in seinem Leben reift und gut wird, um so deutlicher sieht er die Notwendigkeit der ständigen Bekehrung. Er sieht aber auch immer klarer, wie sehr alles Gutsein das Werk jenes Geistes ist, den wir nicht erzeugen, sondern nur erbitten und empfangen können.

Wir sind darauf angewiesen, daß Jesus immer wieder in unsere Mitte tritt und uns eint durch seinen Geist.

Jesus trat in ihre Mitte. »Mitte« ist Lebenszentrum, Lebensquelle, das, was alle zusammenhält — das, was allem Sinn gibt. »Mitte« ist in der Bibel in erster Linie nicht geometrisch — äußerlich — gemeint. Jesus war vor seinem Tod die Mitte seiner Jünger. Schon vor seinem Tod hat er gesagt: Wo zwei oder drei in meinem Namen versammelt sind, bin ich mitten unter ihnen (Mt 18, 20). Seine Jünger sind versammelt in seinem Namen, und er tritt in ihre Mitte, neu, wirklich, lebensnah, unsterblich. Nach wie vor bleibt Jesus die Mitte.

Die Kraft dieser Mitte geht in die Jünger ein: sein Friede (den die Welt nicht geben kann), sein Geist, der Heilige und heilende Geist erfüllt die Jünger. Der Friede, die Gabe des Heiligen Geistes, ist aber kein Besitz, über den nun der Besitzer wie über ein Eigentum verfügen könnte. Man kann den Geist nicht »besitzen« wie materielle Dinge, man kann ihn nur annehmen und an sich wirken lassen. Diese Frage wird in den vielen Lebenssituationen immer wieder akut: Wollen wir bestimmen — oder uns bestimmen lassen — von seinem Geist, wollen wir verändern – oder uns verändern lassen – von seinem Geist, wollen wir von unserer Leistung leben oder von seiner Liebe?

Wenn er unsere »Mitte« wird, werden wir »Mitte« für andere. (Wie mich der Vater gesandt hat, so sende ich euch.) Wenn wir von ihm leben, werden andere von uns leben können.

Der Geist, den die Jünger empfangen, befähigt sie, Sünden nachzulassen. – Auch wenn wir es »von Kindheit an gewohnt sind«, wollen wir jetzt nicht gleich an »Beichtvollmacht« denken. Es geht hier zunächst darum, daß uns der Geist Gottes als Geist der Vergebung gezeigt wird, der im Menschen wirkt und ihn befähigt, zu vergeben. Wenn jemand »seinem Bruder von Herzen verzeiht«, dann hat er das nicht aus sich getan, sondern da wirkt der Geist Gottes. Wie sollte auch Vergebung anders erfahren werden, wenn nicht in der praktischen verzeihenden Liebe? Einem »Sünden nachlassen« heißt ja nicht, einem erlauben, daß er nicht mehr an seine Sünden zu denken braucht (das wäre Schuldverdrängung); einem Sünden nachlassen heißt, einen spüren lassen, daß er in seiner Schuld geliebt wird.

Das Wort: »Allen, denen ihr sie nicht erlaßt, sind sie nicht erlassen«, darf nicht so verstanden werden, als ob der Jünger Jesu von sich aus entscheiden könnte, wem Schuld nachgelassen wird oder nicht. Ein derartiges »Vollmachtdenken« wäre niemals vereinbar mit dem Geist der Vergebung. – Der Satz bedeutet einfach: Wenn die Menschen durch euch, durch den Geist, der in euch wirkt, nicht zur Erfahrung der Sündenvergebung gelangen, dann können sie es anders nicht erfahren.

Im Bußsakrament schließlich haben wir das sichtbare Zeichen, daß dies so ist. Die Gemeinde lebt vom Geist der Vergebung, der durch Menschen mitgeteilt wird. Die Lossprechung des Priesters offenbart, was der Geist der Vergebung bewirkt, und insofern bewirkt sie auch das, was sie offenbart. Für den glaubenden Menschen ist das Bußsakrament Garantie dafür, daß der Geist Gottes immer Geist der Vergebung bleibt, auch und gerade dort, wo wir durch unsere Schuld gnadenlos und unbarmherzig sind. (Um das zu begreifen, muß man aber wenigstens einmal ganz praktisch Barmherzigkeit, Vergebung, Liebe erlebt haben.) Alle Macht und Vollmacht in der Kirche muß verstanden werden als Voll-Macht der Liebe, auch wenn diese Vollmacht durch menschliche Schuld und egoistisches Herrschen oft verdeckt ist.

Das Himmelreich ist wie ein Netz

Weiter ist es mit dem Himmelreich wie mit einem Netz, das man ins Meer warf, um Fische aller Art zu fangen. Als es voll war, zogen es die Fischer ans Ufer; sie setzten sich, lasen die guten Fische aus und legten sie in Körbe, die schlechten aber warfen sie weg. So wird es auch am Ende der Welt sein: Die Engel werden kommen und die Bösen von den Gerechten trennen und in das Feuer werfen. Dort werden sie heulen und mit den Zähnen knirschen. *Mattäus 13, 47–50*

Wir sind gewohnt, die Menschen einzuteilen
in gute und in böse.
Uns selber rechnen wir dann zu den Guten,
die Bösen sind »die andern« – im großen
wie im kleinen.
Wir können oder wollen es nicht ertragen,
daß jeder Mensch gut und zugleich böse ist.
Das Böse wohnt in jedem Menschen,
nur tritt es überall verschieden in Erscheinung.
Es gibt niemand unter uns,
der *nur* gut oder auch *nur* böse wäre;
wir sind alle »Mischkulturen«.
Wenn alle Menschen ehrlich wären,
könnte sich keiner zu den Guten zählen;
jeder hat vor seiner Tür zu kehren!
Wenn einer sich dies eingestehen kann,
verschwindet das Bedürfnis,
die Menschen einzuteilen in gute und in
böse.

Um diesem Eingeständnis auszuweichen,
messen wir die Menschen
an ihren Verhaltensweisen.
Wir fragen dabei wenig nach den Gründen,
warum Menschen oft so böse sind.
In unserem Text geht Jesus
auf das Bedürfnis, einzuteilen, gar nicht ein.
Sofern das Himmelreich schon jetzt, bei uns,
begonnen hat,
ist darin für beides Platz.
Am Ende erst wird Gott durch seine Boten
das Böse von dem Guten trennen.
Und dieses »Ende« hat auch schon jetzt und
dort begonnen,
wo Menschen gläubig werden und begreifen,
daß Gott die Liebe ist.
Wem aufgegangen ist, daß es die »Bösen« und
die »Guten« gar nicht gibt,
der weiß auch, was geschieht, wenn Gott uns
»richtet«:
Er befreit uns von der Macht des Bösen,
vom »bösen Rest«, dem wir noch verhaftet sind.
Damit muß jeder rechnen,
daß er am Ende einsieht,
daß Gott die Menschen anders »richtet« und
beurteilt,
als wir es in unserem Einteilungsbedürfnis
taten.
Gott sei Dank, daß Gott es ist, der richtet!
Den Menschen, die so sehr auf Unterscheidung
pochen,
von gut und böse, von *Guten* und von *Bösen*,
sagt Jesus hier sehr deutlich:

Das ist nicht eure Sache, das ist die Sache Gottes!
Wenn einer dieses Bild vom Fischnetz nimmt,
um andere zu bedrohen
und Angst vor Gott zu wecken —
ist das wirklich böse?
Gewiß wird jeder, der Angst vor Gott hat,
diese Angst auf andere übertragen.

Wenn wir dieses Gleichnis von der Liebe her verstehen,
dann nimmt uns Jesus alle Angst, daß Gott
uns je vernichten könnte.
Hier haben wir ein Beispiel,
wie das Wort Gottes den Menschen verändert:
Wer das Bild vom Fischnetz aufnimmt mit gutem Herzen,
wird frei von Angst und entdeckt die Liebe Gottes.
Wer mit bösem Herzen diese Dinge sieht
und nach eigenem Ermessen urteilt,
macht Gott zum Diener seiner Bosheit.
Wo Menschen frei urteilen und verurteilen wollen,
hat Gott, die Liebe, keinen Platz mehr.
Am Ende aber bleibt nur die Liebe.

Wer ja zum Fischnetz sagen kann,
der wird auch verkraften, wenn in der Kirche
und in den Gemeinden vieles nicht erfreulich ist.
Wer die Kirche deshalb ablehnt, weil dort vieles nicht in Ordnung ist,
der hat noch nicht begriffen, was die Kirche ist.

Man muß die Menschen und die Kirche(n)
so nehmen, wie sie sind;
andere gibt es nicht.
Wer keine Kompromisse dulden kann,
wer nur bereit ist,
sich mit Auslesen und Reinkulturen abzugeben,
der kann sich höchstens damit trösten,
daß er auf die falsche Welt gekommen ist.
Er wird noch vieles lernen müssen!

Stehen lassen

Unkraut und Weizen.
Wo etwas wächst,
wächst beides zusammen.
Wer das eine ausreißt,
nimmt das andere mit.
Und wer weiß denn schon,
was wirklich Unkraut ist?
Jeder Mensch ist ein Acker
mit Unkraut *und* Weizen
(oder ein Fischnetz
mit guten und schlechten Fischen).
Wir können spüren,
daß wir immer
gut und böse zugleich sind:
Bei allem,
was wir haben, sind und tun,
auch beim kleinsten,
ist das Böse mit dabei.
Wer von sich aus
trennen, jäten will,
schafft nur wieder Böses.
Nur ER
kann trennen, richten, reparieren.
Wer IHN wirken läßt,
wird jetzt schon
reiner, besser, freier.
Und was jetzt noch nicht geschieht
– weil's unsere Ungeduld verhindert –,
ER
wird's an unserem Ende richten.

Hütet euch vor den falschen Propheten! Sie kommen in Schafspelzen zu euch, in Wirklichkeit aber sind sie reißende Wölfe. An ihren Früchten werdet ihr sie erkennen. Erntet man etwa von Dornen Trauben oder von Disteln Feigen? Jeder gute Baum bringt gute Früchte hervor, ein schlechter Baum aber schlechte. Ein guter Baum kann keine schlechten Früchte hervorbringen und ein schlechter Baum keine guten. Jeder Baum, der keine gute Frucht hervorbringt, wird umgehauen und ins Feuer geworfen. An ihren Früchten also werdet ihr sie erkennen.

Mattäus 7, 15–20

Die Frucht des Geistes aber ist Liebe, Freude, Friede, Langmut, Freundlichkeit, Güte, Treue, Sanftmut und Selbstbeherrschung. *Galater 5, 22*

Wer hat recht, wem kann ich trauen, was ist
Wahrheit?
Diese Fragen quälen viele Christen.
Wir brauchen alle Führung;
wo hört die Führung auf, wo geht die
Verführung an?
Woran scheiden sich die Geister?
Weil Gut und Böse immer mitsammen
existieren
und wir beides nicht voneinander trennen
können,
ist eine Antwort immer schwierig!

Wenn wir auch nicht trennen dürfen,
so können wir doch unterscheiden.
Das, worauf wir achten müssen,
ist nicht das, was einer redet oder tut,
sondern das, was dabei herauskommt.
Die Früchte verraten den guten Baum, die gute Substanz.
Paulus nennt neun Erfahrungswerte,
an denen wir das Gute und Wahre erkennen können.
Wo Liebe spürbar wird, Freude, Friede, Freundlichkeit —
da sind die Propheten echt,
da ist der Geist Gottes am Werke.
Wenn ein andrer Friede, Freude, Güte hat,
überträgt sich das auf mich.
Es sei denn, ich hätte mich schon so verfahren,
daß ich auf diese Werte nicht mehr reagiere.
In diesem Fall sind es Liebe, Freude, Güte,
die meine Bosheit und Verbitterung entlarven.
Dies kann jedoch der Anfang sein
zu meiner Besserung.
Entscheidend ist, daß wir uns nicht am Äußeren orientieren,
an der Grammatik von Sätzen und von Worten,
sondern an der Liebe.
Wenn manche nur das hören wollen, was sie gerne hören,
ist noch nicht erwiesen, ob es richtig ist,
ob es Liebe oder Bosheit ist, die sich sympathisch angesprochen fühlt.
Nun sind die anderen der Spiegel meiner Wahrheit:

Wenn ich freundlicher, geduldiger, freudiger
geworden bin,
ist mir ein Mensch begegnet,
der im Geist der Wahrheit und der Liebe kam.
Früchte tragen wieder Früchte.
Freude bewirkt Freude, Liebe bewirkt Liebe –
dies gilt von allen diesen Gotteszeichen.
Wahrheit und Richtigkeit kann eben nicht an
einer Lehre
oder an Erfolg und Leistung abgelesen werden.
Die Wahrheit kann sich nur im Leben selbst
erweisen.
Drohung und Dressur sind gewiß zum Leben
nötig,
damit es in den äußeren Bereichen stimmt.
Mit Gott kann niemand drohen,
ohne ihn zu verleumden,
weil man nicht mit der Liebe drohen kann.
Den Ernst der Liebe sich und anderen vor
Augen stellen
mit allen Konsequenzen,
ist etwas ganz anderes als Bedrohung.
Schließlich müssen wir uns noch einmal
erinnern,
daß es keine hundertprozentigen Menschen,
Christen und Propheten gibt.
Und alles Schlechte wird sich immer mit dem
Guten tarnen.
Wenn Menschen da sind,
die mich – wenn auch nur ein wenig – erleben
lassen,
daß ich sein darf, wie ich bin –
dann sind das die Früchte,

auf die es ankommt, um das Wahre zu erkennen.
Alles das, was Paulus nennt, sind Werte,
die ein Mensch aus sich allein nicht schaffen
kann,
die er sich auch nicht mit frommen Listen
holen kann.
Im Grunde weiß dies jeder.
Dies muß auch genügen, um uns und andre zu
bewahren
vor »fremdem Geist« und übler Manipulation.

Gisbert Kranz

Schmunzel-katechismus

Eine heitere Theologie

Die in diesem Band gesammelten Witze, Histörchen, Anekdoten, Schwänke und Fabeln haben eines gemeinsam: ihre Pointe zielt jeweils auf eine Wahrheit des Glaubens. Das unterscheidet ihn von den vielen Sammlungen christlichen, kirchlichen oder klerikalen Humors, deren einzige Beziehung zum Christentum darin besteht, daß die Helden ihrer Anekdoten und Witze Geistliche, Theologen oder Heilige sind, deren Schlagfertigkeit oder gute Laune belustigt. Dergleichen Jux ist nicht zu verachten. »Die Krone aber gebührt den Witzen, die das Heilige aufleuchten lassen, aus denen man über Glauben und Liebe mehr erfahren kann als aus ganzen Regalen theologischer Bibliotheken.« *(Carlo Schmid)*

Gisela Hommel

Einladung zum Nachdenken

Erfahrungen mit dem Alltag

Die Autorin spricht von Erfahrungen aus dem täglichen Leben, wie jeder sie machen kann: von Begegnungen in der Anonymität einer Großstadt ist die Rede, von Freundschaft und Liebe, aber auch vom Schmerz des Abschieds und der Trennung.
Das Buch – entstanden aus Beiträgen im Deutschlandfunk – ist eine Einladung, über die Erfahrungen mit dem eigenen Leben nachzudenken. Es mag dazu anleiten, Menschen und Dinge mit neuen Augen zu betrachten, vielleicht sie zum erstenmal wirklich zu sehen.

pfeiffer-präsent
128 Seiten mit 5 Zeichnungen
kartoniert DM 12,80
ISBN 3-7904-0272-9

Verlag J. Pfeiffer · München